Das Horoskop der Pflanzen

Gabriele Hasmann

Das Horoskop der Pflanzen

ueberreuter

1. Auflage 2018

ISBN 978-3-8000-7698-7

Covergestaltung: Saskia Beck, s-stern.com
Coverillustrationen: © Shutterstock
Innenillustrationen © Designed by Freepik
Lektorat: Marina Hofinger
Satz: Hannes Strobl, Satz·Grafik·Design, Neunkirchen
Druck und Bindung: Finidr s. r. o.

www.ueberreuter-sachbuch.at

Die Pflanze wächst im Stehen, der Mensch muss dafür gehen.

Autor unbekannt

Jede Blume hat ihren Duft. Jeder Mensch seine Art.

Afrikanisches Sprichwort

Die meisten Menschen besitzen, wie Pflanzen, verborgene Eigenschaften, die der Zufall entdeckt.

François VI. Duc de La Rochefoucauld
(1613–1680, französischer Schriftsteller,
Diplomat und Offizier)

INHALT

EINLEITENDE WORTE

Pflanzen bereichern unser Leben und unsere Sinne. Seit über 12 000 Jahren kultiviert der Mensch in seiner Wohnumgebung Grün- und Blütenpflanzen, auf der Erde gibt es heute zwischen 320 000 und 500 000 Arten.

Sie versorgen den Menschen mit Nahrung, Sauerstoff und Energie sowie Pflege- und Heilmitteln.

Blumen und Pflanzen sind klassische Mitbringsel bei einem Besuch – darüber freut sich die Schwiegermutter in spe genauso wie die Großmutter im Krankenhaus oder die Studentin bei der Einweihungsfeier ihrer ersten Wohnung. Pflanzen begleiten den Menschen einfach auf seinem Lebensweg.

Haben Sie sich schon einmal überlegt, welche Blume zu wem am besten passt und dem Empfänger am meisten Freude bereitet? Wollen Sie erfahren, welche Pflanze zu Ihnen gehört und was sie über Sie aussagt?

Alles, was Sie dafür wissen müssen, ist der Geburtstag einer Person. Denn jeder Mensch besitzt neben seinem Sternzeichen auch ein florales Ebenbild.

In diesem Buch werden 23 der bekanntesten Pflanzen vorgestellt und mythologische, geschichtliche und kuriose Fakten sowie Verwendung und Wirkungsweise präsentiert.

Außerdem finden Sie eine Charakteristik der menschlichen Vertreter jeder Pflanze und zehn prominente Repräsentanten derselben.

Zuletzt heißt es dann „Pflanzenliebe – wer passt zu wem?“ und im Kapitel „Pflanzen im Traum“ wird die Symbolik von Pflanzen in Träumen gedeutet.

Es sei noch erwähnt, dass das Wort „Unkraut“ in diesem Buch nicht vorkommt, es wird durch die Bezeichnung „Wildkraut“ ersetzt. Denn: Bei Pflanzen ist es wie bei Menschen, oft sind die äußerlich prachtvollsten ohne jeden Nutzen, die unscheinbaren hingegen stellen sich als wahre Kostbarkeiten heraus.

Viel Spaß beim Erforschen Ihrer grünen Seele und der Ihrer Mitmenschen wünscht,

Gabriele Hasmann
www.wunschtext.at

PFLANZENKALENDER

Pflanze	Geburtstage	
Christrose (S. 14)	1. 1.–8. 1.	21. 1.–28. 1.
Schneeglöckchen (S. 18)	9. 1.–20. 1.	29.1.–2. 2.
Primel (S. 22)	3. 2.–19. 2.	------------
Krokus (S. 26)	20. 2.–26. 2.	21. 3.–28. 3.
Narzisse (S. 30)	27. 2.–3. 3.	29. 3.–9. 4.
Gänseblümchen (S. 34)	4. 3.–20. 3.	------------
Flieder (S. 38)	10. 4.–17. 4.	21. 4.–27. 4.
Veilchen (S. 42)	18. 4.–20. 4.	28. 4.–10. 5.
Löwenzahn (S. 46)	11. 5.–26. 5.	------------
Holunder (S. 50)	27. 5.–3. 6.	22. 6.–29. 6.
Mohnblume (S. 54)	4. 6.–10. 6.	30. 6.–7. 7.
Lavendel (S. 58)	11. 6.–21. 6.	8. 7.–12. 7.
Vergissmeinnicht (S. 62)	13. 7.–27. 7.	------------
Klee (S. 66)	28. 7.–4. 8.	24. 8.–31. 8.
Sonnenblume (S. 70)	5. 8.–12. 8.	1.9.–7. 9.
Rose (S. 74)	13. 8.–23. 8.	8. 9.–12. 9.
Kamille (S. 78)	13. 9.–27. 9.	------------
Hibiskus (S. 82)	28. 9.–5. 10.	24. 10.–1. 11.
Dahlie (S. 86)	6. 10.–12. 10	2. 11.–9. 11.
Eisenhut (S. 90)	13. 10.–23. 10.	10. 11.–14. 11.
Chrysantheme (S. 94)	15. 11.–30. 11.	------------
Aster (S. 98)	1. 12.–5. 12.	22. 12.–31. 12.
Winter-Jasmin (S. 102)	6. 12.–21.12.	------------

DIE PFLANZEN

CHRISTROSE

1. 1.–8. 1. / 21. 1.–28. 1.

Symbol für ein langes, friedliches und erfülltes Leben, Schutz der Verliebten

ALLGEMEINES

Pflanzenfamilie: Hahnenfußgewächse
Wissenschaftlicher Name: Helleborus Niger
Regionale Namen: Schneerose, Lenzrose, Nieswurz
Herkunft: Südostasien
Verbreitung: Süd- und Mitteleuropa – ihr Bestand gilt als gefährdet
Farbe (Blüte): meist weiß, aber auch gelb, grünlich und rosa
Duft: zart-lieblich bis intensiv-würzig
Bedeutung als Geschenk: „Ich hoffe auf ein Wiedersehen" oder „Mein Herz ist frei"

MYTHOLOGISCHES, GESCHICHTLICHES UND KURIOSES

Vermutlich vor etwa 20 000 Jahren gelangte die Christrose nach Europa. Später wurde sie zunächst von Mönchen in Klostergärten kultiviert – daher der Name Christrose. Eine Legende erklärt die Bezeichnung auch folgendermaßen: Auf dem Weg nach Bethlehem hatte einer der Hirten kein Geschenk. Weil er zur kalten Winterzeit nicht einmal Blumen fand, weinte er bitterlich. Aus seinen Tränen entsprossen aus der Erde Christrosen, die der Hirte dem Jesuskind mitbrachte.

Der wissenschaftliche Name Helleborus Niger bedeutet übersetzt „Schwarze Nieswurz" und deutet auf die frühere Verwendung der Blume als Niespulver hin. Sie verhalf im Märchen „Zwergnase" von Wilhelm Hauff dem verzauberten Jakob durch Niesen wieder zu seinem wahren Aussehen.

Die Christrose verbreitete sich zuerst in ländlichen Gegenden und diente Bauersleuten als Orakel: Man stellte in der Weihnachtsnacht zwölf ihrer Blütenknospen, für jeden Monat eine, ins Wasser und las daran das Wetter des kommenden Jahres ab: Geschlossene Knospen bedeuteten schlechtes Wetter, offene gutes.

Im Mittelalter war die Christrose Bestandteil von Hexensalben, die als Mittel zur Erhaltung der Jugend galten. Der Wurzelstock, getrocknet, zu Pulver verarbeitet und auf den Boden gestreut, sollte sogar unsichtbar machen.

In den „Harry-Potter"-Romanen sind zwei Tropfen Nieswurz-Sirup eine unverzichtbare Zutat für den „Trunk des Friedens", der gegen Ängste, Anspannung und Aufgeregtheit helfen soll.

VERWENDUNG

Die Christrose (vor allem ihr Wurzelstock) ist für Mensch und Tier giftig, ihr griechischer Gattungsname „Heleinbora" setzt sich zusammen aus „helein" (= töten) und „bora" (= Speise), was darauf hinweist, dass ihr Verzehr zum Tod führt.

In der Antike wurde die Pflanze vor allem als Mittel gegen Wahnsinn verwendet, da man geistiges Leiden durch einen Überschuss an schwarzer, bitterer Galle erklärte und Niesen als beste Abhilfe galt. Ebenso verwendeten die Ärzte zu jener Zeit die Christrose gegen Wutanfälle, Melancholie, Lepra, Gicht und Zahnschmerzen. Später wurde der pulverisierte Wurzelstock auch als Schnupftabak genutzt.

Heute findet die Blume in der Volks- oder Alternativmedizin in ganz geringen Dosen Anwendung als Brech- und Abführmittel, zur Kreislaufstärkung und bei Erkrankungen der Nerven.

Als Aromaöl verringert die Christrose Angstzustände, stärkt das Selbstvertrauen und stellt das seelische Gleichgewicht wieder her.

CHARAKTER

Die hervorstechendsten Eigenschaften der im Zeichen der Christrose Geborenen sind Freundlichkeit, Verständnis, Engagement und Ausdauer. Ihr Enthusiasmus kann sehr ansteckend sein, Eifer und Beharrlichkeit führen sie fast immer zum Ziel – wenn sie nicht zwischendurch den Faden oder das Interesse verlieren.

Manchmal machen der Christrose Pessimismus, mangelndes Durchhaltevermögen oder schwache Nerven einen Strich durch die Rechnung. Doch dafür besitzt sie eine schier unerschöpfliche Fähigkeit zur Optimierung der eigenen Stärken sowie zur Behebung von Schwächen oder charakterlichen Mängeln – Letzteres allerdings meist nur, wenn man sie explizit auf ihr Manko hinweist. Das deutet auf eine gewisse Schwäche im Bereich der Selbstreflexion hin. Ihren Mitmenschen gegenüber ist sie sehr humanistisch eingestellt.

Symptomatisch für die Christrose sind außerdem ein herausragender Erfindergeist und Wissensdurst, gepaart mit dem Streben nach Reichtum – sowohl geistigem als auch finanziellem. Ihre Talente lebt die Pflanze gerne im kulturellen Bereich aus, scheut sich aber auch nicht vor schwerer Arbeit.

Bei männlichen Vertretern dieser Blume ist manchmal unberechenbares Verhalten möglich. Die weibliche Christrose gilt im Kollegenkreis als sehr sanftmütig, kann aber durchaus auch „giftig" werden, wenn sie sich zu Unrecht angegriffen fühlt, vor allem ihre Kompetenzen betreffend.

In der Liebe ist die Christrose sehr tolerant und nachsichtig, ihr Wesen in einer Beziehung ist gekennzeichnet von einer selbstlosen und uneigennützigen Einstellung gegenüber ihrem Partner. Sie schätzt vor allem die Gesellschaft von Personen, die ungewöhnlich, besonders schöngeistig und klug sind.

BERÜHMTE CHRISTROSEN

David Bowie – britischer Musiker
Adriano Celentano – italienischer Sänger und Schauspieler
Jeanne d'Arc – französische Nationalheldin
Placido Domingo – spanischer Opernsänger
Umberto Eco – italienischer Schriftsteller
Nastassja Kinski – deutsche Schauspielerin
Bruno Kreisky – österreichischer Politiker
Sergio Leone – italienischer Filmregisseur
Wolfgang Amadeus Mozart – österreichischer Komponist
Elvis Presley – US-amerikanischer Sänger

Irmgard 19. 1.

SCHNEEGLÖCKCHEN

9. 1.–20. 1. / 31. 1.–2. 2.

Symbol für Keuschheit, Unbesiegbarkeit, Trost

ALLGEMEINES

Pflanzenfamilie: Amaryllisgewächse
Wissenschaftlicher Name: Galanthus
Regionale Namen: Milchblume, Schneeguckerlein, Weiße Jungfrau
Herkunft: Südosteuropa, Kaukasus
Verbreitung: fast ganz Europa, Vorderasien, Kaukasus
Farbe (Blüte): weiß
Duft: leicht süßlich, dezentes Honigaroma
Bedeutung als Geschenk: „Ich empfinde Zärtlichkeit für dich" oder „Unwiderstehlich kam unsere Liebe"

MYTHOLOGISCHES, GESCHICHTLICHES UND KURIOSES

Ihren Namen verdankt die zarte Blume der frühen Blüte im Winter – den Glöckchen, die im Jänner/Februar durch die Schneedecke ans Licht drängen. Die wissenschaftliche Bezeichnung setzt sich aus „gala" für Milch und „anthos" für Blume zusammen.

In einer Legende wird erzählt, dass Gott am letzten Tag der Schöpfung den Schnee schuf, ihm aber keine Farbe gab. So wanderte der Schnee von einer Pflanze zur anderen und bat sie, ihm doch etwas von ihrer Farbe abzugeben. Aber die Blüten schüttelten alle unwillig ihre Köpfchen. Bis schließlich das Schneeglöckchen mitleidig sagte: „Wenn dir mein Mäntelchen gefällt, teile ich es mit dir." Seitdem ist der Schnee weiß und das Schneeglöckchen die einzige Blume, die er in seiner Nähe duldet.

Die Bewunderung für das Schneeglöckchen reicht zurück bis in die Antike. Odysseus, der Held der griechischen Mythologie, soll die Blume verwendet haben, um seine Gefährten vom bösen Zauber der Circe zu befreien. Er machte damit die Wirkung eines Tranks rückgängig, der Wahn und Vergessen hervorgerufen hatte.

Die englische Pflanzenbezeichnung „Snowdrop" (= „Schneetropfen") bezieht sich auf eine Form von Ohrringen, die im 16. Jahrhundert besonders modern waren. Allerdings gelten die Blumen in England auch als Todesboten, weshalb sich die abergläubischen Briten keine Schneeglöckchensträuße ins Zimmer stellen.

VERWENDUNG

Die beliebte Blume enthält eine Substanz, die als Medikament gegen die Alzheimer-Krankheit eingesetzt wird. Es handelt sich dabei um das an sich giftige Galantamin, das im Gehirn den Abbau eines bestimmten Botenstoffes verhindert. Dadurch kann der Verlauf der Erkrankung zumindest eine Zeit lang gebremst werden. Den Völkern des Kaukasus war dies schon vor Jahrhunderten bekannt. In der Volks- oder Alternativmedizin wird das Schneeglöckchen bei bestimmten Herzleiden angewandt.

Im Rahmen einer Aromatherapie wirkt die Blütenessenz kreislaufstärkend und vitalisierend, sie fördert und unterstützt Leichtigkeit und Akzeptanz des Vergänglichen und schenkt außerdem Hoffnung und Mut für einen Neuanfang.

CHARAKTER

Der menschliche Vertreter des Schneeglöckchens ist mit herausragender Fantasie gesegnet und verfügt über einen universellen Geist und großen Weitblick. Das Schneeglöckchen hat das Talent, für andere nicht sichtbare Zusammenhänge zu erkennen, auch wenn diese noch weit in der Zukunft liegen. Es zeichnet sich überdies durch enorme Zähigkeit aus, aufgeben, seine Unterlegenheit eingestehen oder eine Niederlage akzeptieren kommt nur dann infrage, wenn die Gründe dafür nach außen plausibel vertretbar sind.

Vor allem das weibliche Schneeglöckchen kann schnell beleidigt sein und übertrieben schnippisch oder zickig reagieren. Und der Leitsatz „Ich verzeihe, aber ich vergesse nicht“ trifft auf dieses oft recht zart besaitete Pflänzchen nur allzu häufig zu.

Das Schneeglöckchen ist kein Freund von Annahmen, Vermutungen oder gar des Übernatürlichen, ihm liegen handfeste Beweise, erwiesene Tatsachen und wissenschaftliche Erkenntnisse. Häufig neigt der männliche Vertreter dieser Blume zur übermäßigen Ernsthaftigkeit und vergisst die anmutige, leichte und heitere Seite des Lebens.

Der Beruf wird beim Schneeglöckchen oft mit einem Hobby verbunden, etwa Reisen, Kunst und Kultur, damit trotz Karriere im Job die Interessen nicht zu kurz kommen. Allerdings neigt die Pflanze dazu, sich zu viel vorzunehmen.

In der Liebe sucht das Schneeglöckchen einen gleichgesinnten Partner, von Gegensätzen hält es wenig. Befindet es sich in einer Beziehung, ist es in der Lage, den Alltag mit feinem Humor zu würzen und seinen Partner stets aufzuheitern – auch in schwierigen Situationen.

BERÜHMTE SCHNEEGLÖCKCHEN:

Muhammad Ali – US-amerikanischer Boxer
Felix Gottwald – österreichischer Nordischer Kombinierer
Franz Grillparzer – österreichischer Schriftsteller und Dramatiker
Martin Luther King – US-amerikanischer Bürgerrechtler und Aktivist
Catherine Mountbatten-Windsor – britische Prinzessin und Ehefrau von Prinz William
Aristoteles Onassis – griechischer Reeder
Maria Schell – österreichische Schauspielerin
Franz Schubert – österreichischer Komponist
Rod Stewart – britischer Sänger und Songwriter
Paula Wessely – österreichische Schauspielerin

Ursi 19.2.

PRIMEL

3. 2.–19. 2.

Symbol für Zufriedenheit, Jugend, Unschuld

ALLGEMEINES

Pflanzenfamilie: Primelgewächse
Wissenschaftlicher Name: Primula
Regionale Namen: Schlüsselblume, Himmelsschlüssel, Zauberblume, Lichtbotin
Herkunft: Europa, Asien
Verbreitung: gesamte Nordhalbkugel
Farbe (Blüte): weiß, gelb, rosa, lila, rot, violett
Duft: schwach, anisartig
Bedeutung als Geschenk: „Gib mir den Schlüssel zu deinem Herzen“

MYTHOLOGISCHES, GESCHICHTLICHES UND KURIOSES

Der Name Primel kommt von lateinisch „Primula“ und bedeutet Erstlingsblume. Die alternative Bezeichnung Schlüsselblume bezieht sich auf die Ähnlichkeit des Blütenstandes mit einem Schlüsselbund. Einer Legende nach besaß ein Jüngling einen von

Geistern gefertigten goldenen Schlüssel, mit dem er in den Himmel gelangen wollte. Doch er war auf den Teufel hineingefallen und stürzte beim Versuch, die Pforte aufzusperren, zur Erde hinab. Als er erwachte, war der Schlüssel zur Blume geworden.

Laut einer anderen Legende hatte Petrus seinen Schlüsselbund fallen lassen. Durch die Berührung mit der Erde verwandelte er sich in eine Handvoll Primeln.

Die Kelten verwendeten die Primel als Zauberblume, die Druiden setzten die Pflanze bei Frühlingsfesten zu kultischen Zwecken ein, unter anderem diente sie der Zubereitung eines berauschenden Tranks. Gepflückt werden musste die Blume dafür „nüchtern und barfuß".

Im Mittelalter galt die Schlüsselblume, damals auch Bärenohr oder Kuckucksblume genannt, als magischer Schlüssel für Türen zu geheimen Schatzkammern. Der Volksglaube besagt, wer die Pflanze bei Mondschein pflückte und danach unter einem Umhang oder Mantel nach Hause trug, könne versteckte Reichtümer aufspüren.

VERWENDUNG

Die für kleine Tiere giftige Primel wird in der Volks- oder Alternativmedizin als Mittel gegen Kopfschmerzen, Neuralgien, Gliederzittern, Schwindelgefühl und als Herztonikum angewendet. Als Tee wird sie aufgrund der schweißtreibenden und lindernden Eigenschaften gegen leichte Erkältungen angewandt, auch bei Schwindel und Migräne soll die Primel gute Dienste leisten.

Ebenso lassen die mit heißem Wasser aufgegossenen und danach abgeseihten Blüten starken Husten abklingen. Weicht man die Wurzeln der Blume in Essig ein, stellt die Essenz, durch die Nase aufgezogen, ein gutes Mittel gegen Zahnweh dar.

Aromaöl mit dem Wirkstoff der Primel wirkt schleimlösend, bringt Gelassenheit und fördert die Zufriedenheit.

CHARAKTER

Eine im Zeichen der Primel geborene Person ist sehr tatkräftig und ausdrucksstark. Was sie sagt, das meint sie auch so. Auch lange um den heißen Brei herumreden ist nicht ihre Sache – und was sie verspricht, das hält sie. Sie ist konsequent, manchmal zu streng zu sich selbst und möchte gerne immer für andere da sein, wobei sie selbst allerdings häufig das Gefühl hat, mehr zu geben als zu bekommen.

Geradezu leidenschaftlich widmet sich die Schlüsselblume ihrem Einsatz für Gerechtigkeit, Gleichheit und Brüderlichkeit, privat wie auch beruflich, und bringt dabei ihre universelle Liebe zu den Lebewesen auf dieser Erde zum Ausdruck.

Männliche Primeln zeichnen sich oft durch einen starken Beschützerdrang aus und verteidigen ihre Lieben mit Zähnen und Klauen. Allerdings neigt diese Blume in Menschengestalt auch zur Selbstaufgabe, etwa wenn der natürliche Schutzmechanismus, „zuerst ich, dann die anderen" versagt. Eine andere Ausprägung ihres Charakters findet sich in einer zu streng moralischen Denkweise und kämpferischem Verhalten.

Die Primel verhält sich häufig sehr kontrolliert, ihr Verhalten wird als professionell, seriös und intellektuell empfunden, was vor allem im Job gewisse Vorteile mit sich bringt. Sie verfügt darüber hinaus über ein breit gefächertes Talentspektrum, tendiert jedoch dazu, sich eher theoretisch daran zu erfreuen, als ihre Gaben praktisch in die Tat umzusetzen.

Der menschliche Vertreter dieser Blume versteht es, seine Vorzüge ins rechte Licht zu rücken und sich von seiner besten

Seite zu präsentieren – und das tut er selbst nach vielen Jahren Beziehung noch. Die weibliche Schlüsselblume kann hervorragend flirten.

BERÜHMTE PRIMELN

Jennifer Aniston – US-amerikanische Schauspielerin
Charles Darwin – britischer Naturwissenschaftler
James Dean – US-amerikanischer Schauspieler
Falco – österreichischer Musiker
Enzo Ferrari – italienischer Rennfahrer und Unternehmer
Ernst Fuchs – österreichischer Maler, Architekt und Bühnenbildner
Hans Krankl – österreichischer Fußballer
Charles Lindberg– US-amerikanischer Pilot und Flugpionier
Bob Marley – jamaikanischer Musiker
Jules Verne – französischer Schriftsteller

KROKUS

20. 2.–26. 2. / 21. 3.–28. 3.

Symbol für Gold, Reichtum, Luxus, Licht,
Weisheit, Wiedergeburt

ALLGEMEINES

Pflanzenfamilie: Schwertliliengewächse
Wissenschaftlicher Name: Crocus
Regionale Namen: Schneekatherl, Blümischken
Herkunft: Griechenland oder Orient
Verbreitung: weltweit
Farbe (Blüte): weiß, gelb, lila, violett
Duft: schwach ausgeprägt
Bedeutung als Geschenk: „Meine Empfindungen für dich sind aufrichtig" oder „Ich brauche Bedenkzeit"

MYTHOLOGISCHES, GESCHICHTLICHES UND KURIOSES

Der Name dieser Blume entwickelte sich aus dem vorderorientalischen Wanderwort „kroke" (= Faden) und bezeichnete ursprünglich ausschließlich den Safran-Krokus (Crocus sativus), aus dem seit der Antike das gleichnamige Gewürz gewonnen wird. Damals wurde Safran auch zum Färben der Gewänder von Königen verwendet. In der Mythologie trugen die Helden der Antike und Götter safrangelbe Gewänder.

Im alten Rom wurden die wohlhabenden Zuschauer im Theater mit edlem Safran-Wasser besprengt. Und der für seinen ausschweifenden Lebenswandel bekannte römische Kaiser Heliogabal ließ bei seinen opulenten Orgien die weiblichen Gäste an der Tafel auf mit Safran gefüllten Kissen sitzen – denn das Gewürz galt als Aphrodisiakum für Frauen.

Im Mittelalter brachten die Kreuzritter den Safran nach Europa. Weil das Gewürz eine sehr teure Kostbarkeit war, wurde es oft mit anderen Pflanzenstoffen gestreckt – wer dabei erwischt wurde, hatte die Todesstrafe zu erwarten. Im 14. Jahrhundert kam es unter Kaufleuten in der Schweiz nach einem Überfall auf einen Kaufmannszug sogar zu einem „Safrankrieg“.

Ein Volksglaube besagt, dass Kränze aus Krokussen vor Trunkenheit schützen. Schon in frühen Zeiten hat man daher vor diversen Gelagen Flechtwerke aus diesen Blumen an Wirtshaustüren aufgehängt.

VERWENDUNG

Im Zusammenhang mit dem Krokus, der für kleine Tiere giftig ist, wird in der Volks- und Naturmedizin einzig dem Safran eine heilende Wirkung attestiert, das Gewürz wirkt harntreibend und lindert Blähungen. Ebenso ist bereits seit der Antike die krampflösende Eigenschaft des Crocus sativus bekannt, weshalb er damals als Mittel gegen die Schmerzen während der Menstruation oder bei einer zu starken Blutung eingesetzt wurde. Außerdem soll Safran bei Stoffwechselerkrankungen und Beschwerden am Bewegungsapparat Abhilfe verschaffen.

In der Küche wird der Safran als Gewürz und auch zum Färben von Speisen eingesetzt.

Als Aromaöl kann der Krokus ebenfalls entspannend auf den Körper wirken, darüber hinaus verhilft er zu mehr Ruhe, ausgeglichener Heiterkeit und schönen Träumen.

CHARAKTER

Der menschliche Vertreter des Krokus ist ein einfallsreicher Fantast, der diese Eigenschaft mit kluger Lösungsorientierung kombiniert. Er neigt außerdem zur Philanthropie, die allerdings zu übermäßigen energetischen und finanziellen Investitionen in Personen und Projekte führen kann. Der Krokus-Geborene verliert sich und sein Ziel dabei nicht selten aus den Augen und muss auf den Boden der Tatsachen zurückgeholt werden. Er ist dann aber in der Lage, sein Verhalten bzw. seine Handlungen relativ rasch und unproblematisch zu korrigieren – was er aber nur macht, wenn er hundertprozentig von der Notwendigkeit eines Kurswechsels überzeugt ist. Manch ein weiblicher Krokus ähnelt im Charakter einer Bergziege, die, auf der Suche nach Futter, furchtlos und optimistisch von einem Felsen zum anderen springt und erst die Richtung ändert, wenn es nicht mehr anders geht.

Liegt dem Krokus ein berufliches Projekt wirklich am Herzen, stellt er sich auch gegen den Strom und zieht sein Ding eisern durch, immer in der vertrauensvollen Annahme, dass sich irgendwann eine Lösung für vorhandene Probleme finden wird. Konfliktvermeidung ist nur selten sein Bestreben, Kompromisse hält er grundsätzlich für unnötig. Der Krokus hat auch das Zeug zum Anführer und ist häufig ein wichtiger Initiator. Mit einem gewissen Autoritätsproblem ausgestattet, steckt vor allem der männliche Krokus ungern zurück und begibt sich nur selten freiwillig in die zweite Reihe.

In der Liebe ist die Pflanze leidenschaftlich und häufig eifersüchtig, in der Beziehung großzügig und verantwortungsbewusst, im negativsten Fall gebieterisch, aufrechnend und rechthaberisch.

BERÜHMTE KROKUSSE

Johann Sebastian Bach – deutscher Komponist
Kurt Cobain – US-amerikanischer Rockmusiker
Manfred Deix – österreichischer Karikaturist und Zeichner
George Harrison – britischer Musiker („The Beatles")
André Heller – österreichischer Aktionskünstler, Autor und Schauspieler
Steve Jobs – US-amerikanischer Unternehmer („Apple")
Elton John – britischer Sänger und Komponist
Niki Lauda – österreichischer Rennfahrer und Unternehmer
Sarah Jessica Parker – US-amerikanische Schauspielerin
Arthur Schopenhauer – deutscher Philosoph
George Washington – US-amerikanischer Politiker und erster Präsident von Amerika

NARZISSE

27. 2.–3. 3. / 29. 3.–9. 4.

Symbol für Glück, Fruchtbarkeit, Eigenliebe, Kampfgeist

ALLGEMEINES

Pflanzenfamilie: Amaryllisgewächse
Wissenschaftlicher Name: Narcissus
Regionaler Name: Osterglocke
Herkunft: Südeuropa
Verbreitung: Europa, Nordwestafrika
Farbe (Blüte): gelb, seltener orange und weiß
Duft: fein-blumig bis intensiv-herb
Bedeutung als Geschenk: „Sei nicht so eitel“, „Ich meine es ernst mit dir“ (weiß)

MYTHOLOGISCHES, GESCHICHTLICHES UND KURIOSES

Ihren Namen verdankt die Pflanze dem intensiven Geruch, den sie verströmt – er leitet sich vom griechischen Wort „narkein“ (= betäuben) ab, aus dem sich auch das Wort Narkose entwickelt hat.

Ovid übernahm für seine Dichtung „Metamorphosen“ aus der griechischen Mythologie die Bezeichnung Narkissos (= Narziss) für einen jungen Göttersohn, der die Liebe anderer zurückwies und sich stattdessen in sein eigenes Spiegelbild verliebte. Als er eines Tages an einem See saß, fiel ein Blatt von einem Baum, woraufhin die Wellen sein Spiegelbild auf der Wasseroberfläche verzerrten. Er starb vor Schreck, weil er meinte, er sei hässlich, und wurde in eine Narzisse verwandelt.

Einer alten Druidenlegende zufolge sandten die Naturgeister jedes Jahr die widerstandsfähigen Narzissen in die irdische Welt, um auszukundschaften, ob die Erdenbewohner weiterhin die Schönheit der Blumen verdienten. Es heißt, dass die Narzisse damals von den schlechten Gedanken der Menschen vergiftet wurde.

Der älteste Beleg für die Narzisse als Blumenschmuck wurde in einem altägyptischen Grab gefunden. Später zierte die Narzisse auch manches römische Atrium, wie ein Wandgemälde beweist, das bei einer Ausgrabung in Pompeji zum Vorschein kam.

In Mitteleuropa gelangte die Narzisse erst um 1560 in die Gartenkultur.

VERWENDUNG

Die Narzisse enthält, ebenso wie das Schneeglöckchen, den Giftstoff Galantamin, der zur Behandlung von Demenz bei Alzheimer eingesetzt wird. In der Volksheilkunde spielten Narzissen schon immer als Heilmittel für Hauterkrankungen sowie bei Wunden und Verbrennungen eine Rolle, es wird außerdem bei Erkältungen und Keuchhusten verabreicht.

Als Aromaöl wirkt die Narzisse fantasieanregend, euphorisierend und sexuell stimulierend, ihr Duft hemmt traurige Gedanken und ist ein Heilmittel für verletzte Seelen. Sie hilft, die innere Anspannung loszulassen, schenkt die Gelassenheit, Dinge nicht mehr so eng zu sehen, und fördert die Kreativität.

CHARAKTER

Die Narzisse ist meist recht selbstzufrieden, das aber durchaus im positiven Sinne. Sie zweifelt selten an sich und ihren Entscheidungen, und falls doch, findet sie rasch einen Ausweg aus jeder noch so verfahrenen Lage. Allerdings ist sie auch, trotz ihrer Freude an Geselligkeit, ein typischer Einzelgänger, wenn es darum geht, heikle Situationen zu meistern. Dabei kommen Mut und Entschlossenheit zum Vorschein, aber auch Sensibilität und Empfindlichkeit bei direkter Kritik.

In seiner negativen Ausprägung kann das zu Intoleranz führen, vor allem bei den männlichen Narzissen. Die weibliche Pflanze empfängt auch schon feine Signale von Missfallen von ihren Mitmenschen und reagiert darauf mit Rückzug. Sie kann sehr impulsiv sein, was ihr Charisma erhöht und sie für Männer unwiderstehlich macht. Die Narzisse hasst Langeweile, Gleichgültigkeit und Nutzlosigkeit. Sie diskutiert gerne, vor allem mit Personen unterschiedlichster Meinungen, und möchte überall einen tieferen Sinn erkennen.

Beruflich liegen ihre Stärken im Ehrgeiz und in einer „Packen wir es an“-Mentalität, gepaart mit Erfindungsgabe und Fantasie. Die Narzisse hat außerdem organisatorische Fähigkeiten und kann gut strukturieren. Der männliche Vertreter dieser Blume träumt stets von Ruhm und Erfolg, geht dabei aber nicht selten auch ein hohes – finanzielles und menschliches – Risiko ein und tendiert dazu, für seine Karriere „über Leichen zu gehen“.

Die Narzisse schätzt ihre Freiheit, sie liebt die Liebe und die Veränderung, Treue empfindet sie als schwierig, ist aber dazu in der Lage, wenn die Faszination durch den Partner anhält.

BERÜHMTE NARZISSEN

Marlon Brando – US-amerikanischer Schauspieler
Giacomo Casanova – italienischer Abenteurer, Lebenskünstler und Frauenheld
Eric Clapton – britischer Sänger, Gitarrist und Komponist
Daniel Craig – britischer Schauspieler („James Bond“)
Uschi Glas – deutsche Schauspielerin
Ludwig Hirsch – österreichischer Liedermacher und Schauspieler
Marcel Hirscher – österreichischer Skirennläufer
Oskar Kokoschka – österreichischer Maler und Schriftsteller
Annemarie Moser-Pröll – österreichische Skirennläuferin
Elisabeth Taylor – US-amerikanische Schauspielerin

GÄNSEBLÜMCHEN

4. 3.–20. 3.

Symbol für Natürlichkeit, Reinheit, Unschuld, Glück

ALLGEMEINES

Pflanzenfamilie: Korbblütler
Wissenschaftlicher Name: Bellis perennis
Regionale Namen: Maßliebchen, Tausendschön, kleine Margerite, Himmelsblume, Mondscheinblume, Augenblümchen
Herkunft: südliches Europa, Kaukasus
Verbreitung: Mittelmeerraum, Mittel- und Nordeuropa
Farbe (Blüte): weiß
Duft: schwach ausgeprägt
Bedeutung als Geschenk: „Fühlst du dasselbe wie ich?"

MYTHOLOGISCHES, GESCHICHTLICHES UND KURIOSES

Die Bezeichnung Gänseblümchen stammt aus dem 16. Jahrhundert und geht auf die Tatsache zurück, dass die Blume weiß ist wie die Gans, die damals ebenso weit verbreitet war wie diese Wiesenpflanze. Der wissenschaftliche Name Bellis perennis bedeutet übersetzt Ganzjahresschönheit.

Bei den Kelten war die Blume ebenso der Sonne zugeordnet wie die Gans. Nach der Christianisierung wurde die Pflanze der Jungfrau Maria gewidmet und erhielt zusätzlich die Bezeichnungen Marienblümchen und Mutterblümchen.

Wenn eine Frau im Mittelalter sich ein Gänseblümchen ins Haar flocht, so wollte sie nicht geheiratet werden. Ketten und Girlanden aus dem Wildkraut sollten die Häuser gegen böse Geister und Hexen schützen.

Im Volksglauben galten die ersten drei Gänseblümchen, die man im Frühjahr fand und aß, als Schutz vor Krankheiten, man blieb angeblich das restliche Jahr von Zahnschmerzen, Augenbeschwerden und Fieber verschont. Und wer getrocknete Gänseblümchen bei sich trägt, die am Johannistag (24. Juni) mittags zwischen 12 und 13 Uhr gepflückt wurden, der kann jede Arbeit erfolgreich abschließen.

Verwendung findet das Wildkraut auch als Orakel, indem die einzelnen Blütenblätter mit einem Abzählreim (etwa: Er/Sie liebt mich, liebt mich nicht, liebt mich …) abgezupft werden.

VERWENDUNG

Im Mittelalter hieß es, als Trank heile die Blume Darmprobleme, wirke als Salbe gegen Sommersprossen und Altersflecken sowie als Absud gegen Husten. Der Saft oder die heißgemachte Pflanze diente in jener Zeit außerdem als Auflage bei Verrenkungen.

Blüten des Gänseblümchens werden in der Alternativmedizin als Mittel bei Hauterkrankungen, Husten, schmerzhafter Regelblutung, Kopfschmerzen, Schwindelanfällen und Schlaflosigkeit verwendet.

Das Gänseblümchen stellt auch eine aromatische, leicht nussartig schmeckende Salatbeigabe dar. Sauer eingelegt können die Knospen als Kapernersatz dienen.

Als Aromaöl wird das Wildkraut gegen Husten, Kopfschmerzen und Migräne eingesetzt, ihr Duft stärkt außerdem das Selbstbewusstsein und verleiht Mut.

CHARAKTER

Der menschliche Vertreter des Gänseblümchens ist bescheiden, zart und sensibel, wird leicht emotional und zeigt in schwierigen Situationen Mut und Entschlossenheit. Darüber hinaus zeichnet sich das Wildkraut durch Kameradschaftlichkeit, Ehrgefühl und Loyalität aus. Der besondere Charme dieser Pflanze liegt in seiner Zuversicht und dem Optimismus, den sie ausstrahlt. Das Gänseblümchen ist taktvoll, einfühlsam und empathisch, möchte es beispielsweise einem Mitmenschen etwas Negatives mitteilen, verliert es sich in subtilen Andeutungen und Konjunktiven, weil es nicht verletzend sein möchte.

Eine andere Seite dieser Blume ist das Spiel mit ihren Reizen – aufgrund ihrer scheinbaren Naivität wird sie sehr häufig unterschätzt und kann eine Situation zu ihrem Vorteil nutzen. Der weibliche Vertreter der Blume neigt hin und wieder zu Überempfindlichkeit, der männliche zu Intoleranz, beide sind zusätzlich oft nachtragend und relativ leicht beeinflussbar, allerdings auch sehr mitreißend und lustig, weshalb man gerne mit ihnen befreundet ist.

Außerdem ist das Wesen des Gänseblümchens gekennzeichnet durch Zuverlässigkeit, Pünktlichkeit und Beständigkeit, gepaart mit unwiderstehlichem Charme – Eigenschaften, die diese Pflanze an jedem Arbeitsplatz zum Liebling aller machen. Sie hat außerdem einen starken Willen und vertraut auf die eigene Leistung in Kombination mit Glück.

Auch in der Liebe erkennt das Gänseblümchen die Signale für „zur richtigen Zeit am richtigen Ort", weshalb es zu den intuitivsten aller Blumen zählt. Mit nahezu unerschöpflicher Energie geht es unaufhaltsam seinen Weg und sucht so lange nach dem richtigen Partner, bis es diesen gefunden hat.

BERÜHMTE GÄNSEBLÜMCHEN

Albert Einstein – deutscher Physiker
Peter Kraus – deutscher Sänger und Entertainer
Zarah Leander – schwedische Schauspielerin und Sängerin
Jerry Lewis – US-amerikanischer Schauspieler und Komiker
Liza Minelli – US-amerikanische Sängerin und Schauspielerin
Rudolf Nurejew – sowjetischer Tänzer
Toni Polster – österreichischer Fußballspieler
Heinz Rühmann – deutscher Schauspieler
Johann Strauss – österreichischer Komponist und Kapellmeister
Bruce Willis – US-amerikanischer Schauspieler und Filmproduzent

Irmi 12.4. Günther 21.4. Oliver 12.4.
Mathias 11.4 Brigitte Tante 27.4.
ich 24.4.

FLIEDER

10. 4.–17. 4. / 21. 4.–27. 4.

Symbol für beginnende Liebe, Zärtlichkeit, Harmonie, Treue

ALLGEMEINES

Pflanzenfamilie: Ölbaumgewächse
Wissenschaftlicher Name: Syringa
Regionaler Name: Schwarzer Holunder
Herkunft: Südosteuropa
Verbreitung: Europa, Asien
Farbe (Blüte): meist lila bis violett und weiß
Duft: intensiv, blumig
Bedeutung als Geschenk: „Bist du frei?“

MYTHOLOGISCHES, GESCHICHTLICHES UND KURIOSES

Während in vielen mitteleuropäischen Ländern für die Pflanzenbezeichnung das arabische Wort „leylak“ abgewandelt wurde (beispielsweise franz. lilas oder engl. lilac), wurde im deutschen Sprachraum die Bezeichnung des Holunders übernommen, der früher als Flieder bezeichnet wurde. Der wissenschaftliche Name Syringa leitet sich vom griechischen Wort „syrinx“ (= Rohr) ab.

In der griechischen Mythologie verwandelte sich die Nymphe Syrinx, die vor dem liebestollen Hirtengott Pan floh, aus Angst in einen Busch, aus dessen Holz Pan seine Flöte fertigte.

Während der Türkenkriege im 16. Jahrhundert verpflichtete Kaiser Ferdinand I. einen flämischen Diplomaten und Botaniker, zu Sultan Süleyman I., dem Herrscher der Osmanen, in den Orient zu reisen und Friedensverhandlungen zu führen. Von dort brachte er einige bis dahin in Europa noch unbekannte Blumenzwiebeln und Setzlinge mit, die in Wien den Hofgärtnern übergeben wurden – darunter befand sich auch der erste Flieder. Zu dieser Zeit wurden die Gärten und Parks vieler Residenzen und Lustschlösser modernisiert und im Zuge dessen – gemäß dem neuen Lebensstil der Renaissance – neu begrünt. Unter anderem pflanzte man Gewächse aus Amerika, Südeuropa und dem Orient, auch als Zeichen für einen florierenden Handel und erfolgreiche Geschäftsbeziehungen mit diesen Regionen.

In Deutschland ist es Brauch, dass die Fliederblüte Ausfuhrwagen und Kleidung feiernder Männer am Vatertag schmückt.

VERWENDUNG

Fliederöl wird in der Naturheilkunde zur Schmerzlinderung, beispielsweise bei Rheuma oder Ischias, verwendet, der Extrakt aus der Rinde gilt als wirksames Mittel gegen Fieber, der Tee aus den Blüten soll Verdauungsbeschwerden kurieren.

In der Duftlampe verwendet, ruft das Öl Assoziationen mit Frühling, Wärme und Liebe hervor, es verbreitet außerdem Harmonie. Aber Achtung: Flieder-Duftöle und -Parfüms, die im Handel angeboten werden, sind immer synthetisch hergestellt, da sich das Aroma nicht aus der Pflanze isolieren lässt.

Beim Räuchern dient der Flieder der Reinigung und dem Schutz, außerdem der Festigung von Liebesbeziehungen.

CHARAKTER

Der menschliche Vertreter des Flieders ist ein unruhiger Geist und echter Abenteurer mit ständigem Fernweh, der gerne Rätsel löst, Geheimnisse lüftet und fremde Welten erkundet. Er ist sehr gesellig und lernt aufgrund seiner offenen Art rasch neue Menschen kennen, egal wo er sich gerade aufhält. Bleibt der Flieder jedoch lieber zu Hause, befindet er sich stets auf dem aktuellsten Stand der Dinge und bildet sich weiter. Er lebt bis ins hohe Alter nach dem Motto „Man lernt nie aus!“

Darüber hinaus verfügt diese Pflanze über hohe intellektuelle und zugleich intuitive Fähigkeiten, ist praktisch und talentiert. Der männliche Flieder liebt außerdem hohe Qualität und Luxus und ist auch gerne bereit, dafür etwas mehr zu bezahlen. Der weibliche Flieder hat einen perfekten Sinn für Farben und Formen und wird häufig wegen seines guten Geschmacks um Rat gefragt. Auch kann der menschliche Vertreter dieser Pflanze charmant und angenehm im Umgang sein.

Jeder Chef hat gerne einen Flieder im Team, da er sicher sein kann, dass dieser sich stets auf dem Laufenden hält. In Diskussionen mit Autoritäten gilt allerdings: Diplomatie setzt diese Pflanze unter Umständen mit Feigheit oder Falschheit gleich, was ihr unter Umständen übel genommen wird. Im Kollegenkreis hat der Flieder nicht selten mit Neid zu kämpfen.

In der Liebe spielen für den Flieder Schönheit und Vergnügen eine große Rolle, wobei er in diesem Zusammenhang manchmal eine Neigung zur Oberflächlichkeit zeigt, etwa wenn die Attraktivität Vorrang gegenüber dem Charakter hat. Sind jedoch echte

Gefühle im Spiel, ist der Flieder ein echter Herzensmensch und drängt darauf, die Beziehung zu festigen.

BERÜHMTE FLIEDER

Wilhelm Busch – deutscher Dichter und Zeichner
Claudia Cardinale – italienische Schauspielerin
Charlie Chaplin – britischer Komiker und Schauspieler
Elisabeth II. – britische Königin
Herbert Grönemeyer – deutscher Musiker und Sänger
Immanuel Kant – deutscher Philosoph
Jack Nicholson – US-amerikanischer Schauspieler
William Shakespeare – britischer Dichter und Dramatiker
Barbra Streisand – US-amerikanische Sängerin, Schauspielerin und Regisseurin
Leonardo da Vinci – italienischer Maler, Bildhauer und Universalgelehrter

Michael 4.5.
Desiree 28.4.

VEILCHEN

18. 4.–20. 4. / 28. 4.–10. 5.

Symbol für Demut, Bescheidenheit, Unschuld, Verschwiegenheit

ALLGEMEINES

Pflanzenfamilie: Veilchengewächse
Wissenschaftlicher Name: Viola
Regionale Namen: Veigel, Stiefmütterchen (Veilchenart)
Herkunft: Südamerika
Verbreitung: Mittel- und Südeuropa, Nordamerika, Japan
Farbe (Blüte): meist violett
Duft: intensiv, süßlich
Bedeutung als Geschenk: „Ich gestehe dir meine heimliche Liebe“

MYTHOLOGISCHES, GESCHICHTLICHES UND KURIOSES

Der wissenschaftliche Name Viola geht auf Iole, die Tochter des mythologischen Königs Eurytos von Oichalia im antiken Griechenland, zurück. Dort wurden Veilchen von Frauen im Haar getragen (iostephanos = veilchenbekränzt), ionische Nymphen sollen diese Blumen dem Gott Ion bei der Gründung Athens dargebracht haben. Aus diesem Grund heißen natürliche Duftsubstanzen mit veilchenartigem Geruch Ionone. Und aus Viola wurde über Viol, Viel und Veil die Verkleinerungsform Veilchen.

Im Altertum wurden die Blumen zahlreichen Gottheiten geweiht und galten unter anderem als Zeichen von Zuneigung.

Am Wiener Hof wurde schon im 13. Jahrhundert unter dem Babenberger Leopold VI. das „Veilchenfest" gefeiert: Wer die erste Blüte in den Donauauen fand, bedeckte sie mit seinem Hut und verständigte den Herzog, der mit seinem Hofstaat auszog, um den Frühlingsboten zu begrüßen.

Angeblich handelte es sich beim Veilchen um die Lieblingspflanze von Napoleon Bonaparte, nachdem ihm seine große Liebe Joséphine de Beauharnais am Abend ihres Kennenlernens einen Strauß der duftenden Blumen zugeworfen hatte. Nach dem Tod des Franzosenkaisers fand man in einer goldenen Kapsel um seinen Hals zwei getrocknete Veilchen.

VERWENDUNG

Schon berühmte Ärzte der Antike, wie etwa Hippokrates, verwendeten Veilchen zur Behandlung von Ekzemen und Gelenkerkrankungen sowie bei hartnäckigem Husten oder Bronchitis zur Schleimlösung.

Moderne Forschungen sprechen dem Extrakt des Duftveilchens eine blutfettsenkende, krebsvorbeugende und antibakterielle Wirkung zu, weshalb es im Jahr 2007 zur Heilpflanze des Jahres gekürt wurde.

Die Blüten werden häufig zu kulinarischen Zwecken eingesetzt, beispielsweise für die Zubereitung des Veilchenlikörs, von Speiseeis oder zum Garnieren von Salaten. Die Kosmetikindustrie nutzt synthetisch hergestellte Ionone.

Als Duftöl, meist ebenfalls künstlich produziert, hilft das Veilchen gegen Kopfschmerzen, Hautleiden, Bronchitis und nervöse Befindlichkeitsstörungen. Geräuchert wird mit den Blüten zum Heraufbeschwören neuer Liebe.

CHARAKTER

Der im Zeichen des Veilchens Geborene greift gerne nach den Sternen, bleibt dabei aber immer mit den Füßen auf der Erde. Das Veilchen hat utopische Träume, die es mit Vernunft so lange relativiert, bis daraus real erreichbare Ziele werden. Mit einem großen Maß an Optimismus und einer Prise Idealismus gelangt es zu Besitz und Vermögen. Es hat die Gabe, Menschen, deren Hilfe es für ein bestimmtes Vorhaben benötigt, mit bezauberndem Charme, intelligenter Überzeugungskraft und gut getarntem Eigensinn um den Finger zu wickeln und damit alles zu erreichen, was es sich vorgenommen hat.

Vor allem das männliche Veilchen geht dabei sehr pragmatisch vor, was im negativsten Fall zu Skrupellosigkeit und Ausnutzen der Gutmütigkeit anderer führen kann. Den menschlichen Vertreter dieser Pflanze zeichnet außerdem ein wacher Geist, logisches und hochentwickeltes Denken und guter Stil aus, er ist darüber hinaus intuitiv und bringt stets zu Ende, was er angefangen hat. Im Freundeskreis übernimmt das Veilchen gerne die Rolle als Verantwortlicher sowie als Spaßmacher, fühlt sich beim Agieren wohler als beim Reagieren.

Im Berufsleben macht der Blume häufig ihre Geradlinigkeit und Leidenschaft für eine Sache, bei der sie keine andere Meinung gelten lässt, einen Strich durch die Rechnung. Sie steht sich damit oft selbst im Weg und verpasst dadurch mitunter sogar Aufstiegschancen. Hinzu kommt, dass vor allem das weibliche Veilchen ihren eigenen Marktwert nicht so recht einschätzen kann und was ihre Fähigkeiten betrifft, zu bescheiden ist.

In der Liebe ist die Blume eher zaghaft, scheu und unsicher, wagt sich erst an einen Flirt oder ein Geständnis heran, wenn sie sicher ist, keinen Korb zu bekommen. Dafür übernimmt sie dann in einer Beziehung gerne die Führung.

BERÜHMTE VEILCHEN

Fred Astaire – US-amerikanischer Tänzer, Sänger und Schauspieler
David Beckham – britischer Fußballspieler
George Clooney – US-amerikanischer Schauspieler
Sigmund Freud – österreichischer Neurologe, Psychologe und Analytiker
Audrey Hepburn – britisch-niederländische Schauspielerin
Paul Hörbiger – österreichischer Schauspieler
Franz Lehár – österreichischer Komponist
Harold Lloyd – US-amerikanischer Stummfilmkomiker
Karl Kraus – österreichischer Schriftsteller und Satiriker
Donatella Versace – italienische Modedesignerin

LÖWENZAHN

11. 5.–26. 5.

Symbol für Lebenskraft, Kampfgeist, Kreativität

ALLGEMEINES

Pflanzenfamilie: Korbblütler
Wissenschaftlicher Name: Taraxacum
Regionale Namen: Sonnenwirbel, Pusteblume, Bettnässer, Kuhscheiß
Herkunft: Zentralasien
Verbreitung: Europa, teilweise Asien und Afrika, Nordamerika
Farbe (Blüte): gelb
Duft: schwach herb
Bedeutung als Geschenk: „Werde bitte nicht aufdringlich“

MYTHOLOGISCHES, GESCHICHTLICHES UND KURIOSES

Der deutsche Name dieser Pflanze bezieht sich auf deren scharf gezahnte Blätter, die wissenschaftliche Bezeichnung Taraxacum stammt aus dem Arabischen.

Insgesamt gibt es über 500 Trivialnamen für den Löwenzahn, die teilweise aus dem Mittelalter stammen und auf verschiedene

Eigenschaften hinweisen: Bettnässer (harntreibende Wirkung), Brummer (hohle Stängel eignen sich als „Blasinstrument") oder Kuhscheiß (Kühe bekommen nach dem Verzehr großer Mengen Durchfall). Da im Mittelalter Mönche aus dem Löwenzahn Tee zubereiteten, sind andere Namen auch Pfaffenröhre oder Mönchsblatt.

Nach altem Hexenglauben erfüllt sich jeder Wunsch, wenn man sich mit Löwenzahn den Körper abreibt.

Kinder verwenden die Pflanze gerne zum Spielen, aus den langen Halmen mit den leuchtendgelben Blüten lassen sich Ketten und Haarschmuck basteln. Als Pusteblume mit den grauen Schirmchen wird sie unter anderem als Orakel verwendet: An der Anzahl der verbleibenden Samen erkennt man, wie viele Jahre es noch bis zur Hochzeit dauert, man noch lebt usw. Kann man alle mit einem Atemzug abblasen, ist man ein Glückskind.

Der Löwenzahn gilt übrigens als eines der gesündesten Wildkräuter weltweit!

VERWENDUNG

Arabische Ärzte berichteten bereits im 11. Jahrhundert von der heilenden Wirkung dieser Pflanze. Danach taucht der Löwenzahn erst ab dem 13. Jahrhundert wieder als Arznei auf, vorerst nur im Zusammenhang mit seiner harntreibenden Wirkung und als Mittel gegen Warzen. Im 16. Jahrhundert wurde er zusätzlich bei Verstopfung, Magen- und Leberbeschwerden sowie zur Reinigung der Nieren und des Blutes angewendet. Heute wird Löwenzahn in der Kräutermedizin unter anderem zur Beruhigung, Schmerzlinderung, Immunisierung, Anregung des Appetits, Verdauungs- und Harndrangförderung sowie als Abführmittel genutzt.

Außerdem wird aus diesem Wildkraut ein sehr aromatischer Honig gewonnen und es werden Sirups und Gelees hergestellt.

Beim Räuchern kann man mit der Löwenzahnwurzel die Räume nicht nur reinigen, sondern auch mit positiver Energie aufladen.

CHARAKTER

Der Löwenzahn besitzt einen starken Charakter, denkt, plant und handelt überwiegend völlig eigenständig. Sein Stolz verbietet es ihm – außer es gibt keinen anderen Ausweg –, um Rat zu fragen oder um Hilfe zu bitten. Der weibliche Vertreter dieses Wildkrauts tut sich schwer, Komplimente oder andere Arten der Anerkennung anzunehmen. Die Pflanze ist damit für Außenstehende nicht immer leicht zu verstehen und wirkt manchmal schweigsam, in der negativsten Ausprägung abweisend und stur. Für seine Bezugspersonen ist sie jedoch ein aufmerksamer Zuhörer, weiser Gesprächspartner und treuer Freund.

Häufig erweckt vor allem der männliche Löwenzahn aufgrund seines feurigen Temperaments den Eindruck von Härte, seine Kommunikation kann durchaus rau verlaufen. Andererseits ist die Pflanze fleißig, intelligent und aufmerksam und verfügt über die Fähigkeit, exakt, logisch und konstruktiv zu denken. Wenn sie ihre Bestimmung gefunden hat, verfügt sie über eine große Begabung, glücklich zu sein. Ihr aktiver und wacher Verstand gibt ihr die Möglichkeit, viele Talente zu kombinieren, was ihr die Berufswahl enorm erleichtert.

Der Löwenzahn wählt häufig die Selbstständigkeit, um Karriere zu machen. Dank Flexibilität, Ehrgeiz und Arbeitseifer fällt es ihm nicht schwer, verschiedene Sachgebiete abzudecken. Da er Dinge gerne neugierig und kritisch hinterfragt, ist der menschliche Vertreter dieser Pflanze häufig in einem Bereich tätig, in dem er seine detektivische Gabe einsetzen kann – wobei er auch vor einem eventuell damit verbundenen Risiko nicht zurückschreckt.

In der Liebe ist der Löwenzahn romantisch, in einer Beziehung treu und sinnlich, darüber hinaus zeigt er sich gerne experimentier- und wandlungsfähig, um keine Routine aufkommen zu lassen.

BERÜHMTE LÖWENZÄHNE

Senta Berger – österreichische Schauspielerin
Salvador Dalí – spanischer Maler
Johannes Paul II. – polnischer Papst
Udo Lindenberg – deutscher Rockmusiker
Hieronymus Münchhausen – deutscher Adeliger (Vorbild für die Figur „Baron Münchhausen")
Florence Nightingale – britische Krankenschwester und Pionierin der modernen Krankenpflege
Arthur Schnitzler – österreichischer Schriftsteller
Maria Theresia – österreichische Habsburger-Kaiserin
John Wayne – US-amerikanischer Schauspieler, Produzent und Regisseur
Mark Zuckerberg – US-amerikanischer Unternehmer („Facebook")

HOLUNDER

27. 5.–3. 6. / 22. 6.–29. 6.

Symbol für Erdung, Zentrierung, Schutz

ALLGEMEINES

Pflanzenfamilie: Moschuskrautgewächse
Wissenschaftlicher Name: Sambucus
Regionale Namen: Attich, Ellhorn, Fliederbeerbusch, Holler
Herkunft: Europa
Verbreitung: Europa, Asien
Farbe (Blüte): weiß, gelb, hellgrün
Duft: süßlich, schwer, streng
Bedeutung als Geschenk: „Ich bin immer für dich da", „Zweifle nicht an meiner Liebe"

MYTHOLOGISCHES, GESCHICHTLICHES UND KURIOSES

Der deutsche Name der Pflanze stammt vom althochdeutschen Wort Holuntar („holun" = hohl, heilig, gnädig, „tar" = Bauch, Strauch), die wissenschaftliche Bezeichnung geht vermutlich auf die Sambuche zurück, ein altgriechisches harfenähnliches Instrument, das aus Holunderholz gefertigt wurde.

Möglicherweise stammt der Name von Holda oder Holla (in Grimms Märchen: Frau Holle) aus der germanischen Mythologie, ab, die als Hausgöttin verehrt wurde.

Einer Legende nach war das Kreuz Jesu aus Holunderholz geschnitzt und Judas soll sich nach seinem Verrat an einem Holunderstrauch erhängt haben.

Bereits in der Antike sollte die Pflanze im Garten zum Schutz vor bösen Geistern dienen. Verdorrte sie, kündigte das den Tod eines Familienmitglieds an. Starb dann tatsächlich jemand, nahmen die Bestatter mit einem Holunderzweig Maß an Leiche, Sarg und Grab, und die Sargkutscher schnitzten aus der Pflanze Pferdepeitschen. Damals war es unter Strafe verboten, einen solchen Holunder zu fällen.

Im Mittelalter sollte das Umschlingen der Pflanze jungen Frauen zu einer Schwangerschaft verhelfen.

Bei Harry Potter besteht der sagenumwobene Elderstab, eines der drei Heiligtümer des Todes, aus Holunder. In Engelbert Humperdincks Oper „Hänsel und Gretel" dient ein Holunderzweig als Zauberstab.

VERWENDUNG

In früheren Zeiten wurde der (schwarze) Holler zum Färben von Haaren, Stoffen und Leder verwendet. Kinder schnitzten aus den Zweigen Pfeilspitzen, Blasrohre und Flöten.

In der Naturmedizin gilt der Holunderblütentee oder -sirup bereits seit der Antike als wirksames Mittel bei Asthma, Heiserkeit, Hals- und Kopfschmerzen und Verstopfung. Holunderwein mit Zucker vor dem Schlafengehen galt im Mittelalter als die beste Kur bei Erkältungen.

Die Beeren werden zu Mus, Marmelade, Gelee, Saft oder Wein verarbeitet.

Ein Aromaöl aus Holunderblüten macht fröhlich, stimmt zuversichtlich und erleichtert das Abhusten von Schleim bei Erkältungen.

Die Blätter, Rinde oder getrockneten Beeren wirken beim Räuchern erdend, harmonisierend, klärend, reinigend und schützend.

CHARAKTER

Beim Holunder handelt es sich um einen ruhigen, klugen und begabten Menschen, der die Fähigkeit aufweist, einen wendigen Geist mit einem beweglichen Körper zu verbinden und sich auf diese Weise immer und überall gut anzupassen. Dies geschieht mit einer beneidenswerten Leichtigkeit, die ihn zu einem schnellen Denker und hervorragenden Athleten oder Akrobaten macht. Der Vertreter dieser Pflanze neigt aber auch zu Fantastereien und Träumereien, die zu Fehlplanung oder zum Verspekulieren führen können. Vor allem der weibliche Holunder ist ein typischer „Hans guck in die Luft“.

Der Holunder neigt zu raschen Stimmungswechseln und zeigt dann ein scheinbar unmotiviertes Verhalten – allerdings steckt auch dahinter meist eine bestimmte Taktik. Positiv hervorzuheben sind seine stark ausgeprägte Empathie und sein Mut zum Anderssein.

Im Beruf beweist diese Pflanze gerne ihr kreatives Denken, ihre Gabe zur Gestaltung und ihren Hang zum Außergewöhnlichen. Sie beschäftigt sich im Job gerne mit anderen talentierten Menschen, zeichnet sich durch ihre originellen Ideen aus und wird als Impulsgeberin geschätzt. Als Geschäftspartner wirkt der Holunder manchmal ein wenig unzuverlässig, was vorwiegend an einem Mangel an Konzentration auf Konventionen, wie etwa einem pünktlichen Erscheinen zu einem Termin, liegt.

In der Liebe neigt der romantische Holunder zur Übertreibung, vor allem der männliche Vertreter trägt manchmal ein wenig zu dick auf. Der Holunder tut in einer Beziehung jedoch alles zum Wohl des Partners und der Familie. Allerdings hat die Pflanze auch gerne alles unter Kontrolle, was sie zu einem nervigen Besserwisser machen kann, wenn man sie nicht rechtzeitig stoppt.

BERÜHMTE HOLUNDER

David Alaba – österreichischer Fußballspieler
Clint Eastwood – US-amerikanischer Schauspieler
Antoni Gaudí – spanischer Architekt
John F. Kennedy – US-amerikanischer Politiker und Präsident
Christopher Lee – britischer Schauspieler
Marilyn Monroe – US-amerikanische Schauspielerin
Jamie Oliver – britischer Koch
Ferdinand Raimund – österreichischer Schauspieler und Dramatiker
Peter Paul Rubens – belgischer Maler
Billy Wilder – US-amerikanischer Drehbuchautor und Regisseur

Lukas 6.6.

MOHNBLUME

4. 6.–10. 6. / 30. 6.–7. 7.

Symbol für Fruchtbarkeit, Vergessen, Schlaf, Tod, Liebesleid

ALLGEMEINES

Pflanzenfamilie: Mohngewächse
Wissenschaftlicher Name: Papaver
Regionale Namen: Klatschmohn, Blutblume, Kornschnalle
Herkunft: Mittelmeerraum
Verbreitung: weltweit
Farbe (Blüte): rot
Duft: leicht würzig
Bedeutung als Geschenk: „Ich möchte mich vorsichtig annähern", „Ich bin mir nicht sicher, ob du mich magst"

MYTHOLOGISCHES, GESCHICHTLICHES UND KURIOSES

Der deutsche Name der Pflanze geht vermutlich auf das mittelhochdeutsche Wort „mahen" zurück, da sich Mohnblumen auch auf Feldern und Wiesen unkontrolliert verbreiteten und von den Bauern daher stets rasch abgemäht wurden. Davor hat man allerdings die Kapseln geleert und die Samen entnommen, die zum Würzen von Brot und Kuchen dienten. Eine andere Namenserklärung wäre der Zusammenhang mit dem indogermanischen Wort „mak“ (= Beutel) – im Hinblick auf die großen Samentaschen des Mohns.

Im antiken Griechenland war die Mohnblume der Unterweltsgöttin Persephone geweiht, sie gilt allerdings auch als eines der Hauptattribute der Fruchtbarkeitsgöttin Demeter, weshalb Paare nach der Hochzeit mit Mohnblüten bedeckt wurden.

Im Mittelalter prophezeihte man den Verlust der Liebe, wenn man Mohnblumen in das Haus eines Paares brachte. Dennoch wurde der Klatschmohn auch stets als Liebesorakel genutzt: Man schlug auf die zusammengefalteten Blütenblätter, und die Stärke des Knalles, des „Klatschs“, zeigte den Grad der Gegenliebe an – so entstand die Bezeichnung Klatschmohn.

In Großbritannien steckt man sich im Gedenken an gefallene Soldaten eine Mohnblume ins Knopfloch, da auf den frischen Gräbern der Kriegshelden stets zuerst Mohnblumen blühten.

In der Magie hält man mit Mohnkörnern Hexen vom Betreten des Eigenheims ab.

VERWENDUNG

Der Klatschmohn galt in der Volksmedizin als bedeutsame Heilpflanze, der aus seinen Blütenblättern gewonnene Sirup oder Tee wurde gegen Heiserkeit, Husten, Schlaflosigkeit und Menstruationsbeschwerden sowie als Beruhigungsmittel für Kleinkinder eingesetzt.

Aus den Blüten hat man früher Schminke (heute noch in Nordafrika bei traditionellen Festen) und rote Tinte hergestellt.

Heute spielt der Mohn hauptsächlich für Lebensmittel eine Rolle, beispielsweise als Backzutat oder Öl, wird jedoch extra dafür gezüchtet. Die roten Blätter des Klatschmohns eignen sich als essbare Dekoration, werden aber auch dafür verwendet, um Teemischungen eine kräftigere Farbe zu verleihen.

Beim Räuchern werden vorwiegend die Mohnsamen verwendet, die Liebe, Glück und Geld anziehen sollen.

CHARAKTER

Die Mohnblume verfügt über die Gabe der Beredsamkeit, sie ist schlagfertig, gewitzt und eloquent und kann bei entsprechender Schulung ihrer rhetorischen Fähigkeiten Massen begeistern und überzeugen. Allerdings ist sie ebenso in der Lage, andere mit ihrem kommunikativen Talent negativ zu beeinflussen oder zu ihrem eigenen Vorteil Mitmenschen zu manipulieren. Der menschliche Vertreter dieser Pflanze ist ein Organisationsgenie und überlässt beim Planen seiner Vorgehensweise nur ungern und selten etwas dem Zufall.

In der Regel ist er ein Perfektionist und Visionär, manchmal aber auch einfach nur ein echtes Glückskind, dem alles gelingt, was auch immer er anfasst, wodurch er häufig eine hohe Position in der Gesellschaft erreicht. Das Leben dieser Pflanze ist immer lebendig und voller verrückter Abenteuer, sogar im normalen Alltag. Zuweilen zeigt sich die männliche Mohnblume allerdings recht dünnhäutig, wenn man ihr zu nahe tritt und sie kritisiert.

Im Beruf ist die Mohnblume sehr strebsam und hat stets ihre Karriere im Visier, ohne dabei auf Kosten von Kollegen zu handeln. Sie verdient gerne gutes Geld und gibt dieses ebenso gerne aus. Sie mag keine Quertreiber, Besserwisser und „Honig-ums-Maul-Schmierer“ – solche Kollegen ignoriert sie im besten Fall.

Die weibliche Mohnblume achtet peinlich genau auf ihr Äußeres, flirtet gerne und fühlt sich vor allem von schönen Menschen angezogen, ihren Lebenspartner wählt sie jedoch nach den inneren Werten aus. Der menschliche Vertreter dieser Pflanze ist sehr leidenschaftlich und hasst Langeweile in der Beziehung, ist allerdings auch bereit, im Namen der Liebe zurückzustecken und Kompromisse zu schließen.

BERÜHMTE MOHNBLUMEN

Peter Alexander – österreichischer Sänger, Schauspieler und Entertainer
George W. Bush – US-amerikanischer Politiker und Präsident
Angelina Jolie – US-amerikanische Schauspielerin
Harald Juhnke – deutscher Sänger, Schauspieler und Showmaster
Gina Lollobrigida – italienische Schauspielerin
Thomas Mann – deutscher Schriftsteller
Sylvester Stallone – US-amerikanischer Schauspieler
Ringo Starr – britischer Musiker („The Beatles")
Christina Stürmer – österreichische Sängerin
Karl Valentin – deutscher Komiker, Kabarettist und Autor

LAVENDEL

11. 6.–21. 6. / 8. 7.–12. 7.

Symbol für Reinheit, Erinnerung, Vertrautheit

ALLGEMEINES

Pflanzenfamilie: Lippenblütler
Wissenschaftlicher Name: Lavendula
Regionale Namen: kleiner Speik, römischer Thymian, Schwindelkraut, Nervenkraut
Herkunft: Mittelmeerraum
Verbreitung: in Teilen Europas, Afrikas und Asiens
Farbe (Blüte): lila, blau, violett
Duft: intensiv, aromatisch, würzig
Bedeutung als Geschenk: „Gib mir ein Zeichen“, „Ich erreiche mein Ziel bei dir“

MYTHOLOGISCHES, GESCHICHTLICHES UND KURIOSES

Der Name leitet sich vom lateinischen Wort „lavare“ (= waschen) ab, da die Pflanze wegen ihres intensiven Dufts einst ins Waschwasser gegeben wurde und noch heute getrocknet in vielen Kleiderschränken zu finden ist – auch, weil sie Motten fernhält. Die Blüten wurden in der Antike außerdem in so mancher römischen Villa auf den Boden gestreut, um die Luft frisch zu halten, Dämonen abzuwehren und Ratten, Flöhe und Ameisen zu vertreiben. Lavendel wurde auch als Weingewürz eingesetzt. Und vor Schlachten rieben sich Soldaten mit Lavendelessenz ein, weil der Duft sie beruhigte.

Das Gewürz wurde schon sehr lange als Liebespflanze eingesetzt, im Mittelalter beispielsweise badeten Damen in Lavendelwasser, weil das Aroma auf Männer wie ein Aphrodisiakum wirken sollte. Unter das Kopfpolster einer Frau gesteckt weckte die Pflanze angeblich deren romantische Gefühle, darüber hinaus soll der Lavendel über Nacht Träume wahrmachen.

Im 16. und 17. Jahrhundert galten die Blüten als Mittel gegen Pest und Cholera.

VERWENDUNG

In früheren Zeiten wurde Lavendel häufig in der Funktion eines Riechsalzes verwendet, wenn Damen in Ohnmacht fielen – daher der Trivialname Schwindelkraut. Außerdem legte man die Pflanze Babys in die Wiege, damit sie besser schlafen konnten.

In der traditionellen Heilkunst wird Lavendel bei innerer Unruhe, Angst- und Einschlafstörungen, Magen-Darm-Problemen, Kreislaufbeschwerden und Migräne eingesetzt.

Der Lavendel ist in vielen Parfüms enthalten und in der Küche aufgrund seines würzigen rosmarinähnlichen Geschmacks ein beliebtes Würzkraut.

In der Aromatherapie beruhigt Lavendel und verhilft zu positiven Assoziationen. Beim Räuchern dient er der Reinigung und Harmonisierung des Raums und der Klärung der Gedanken.

CHARAKTER

Der menschliche Vertreter des Lavendels ist sehr einfallsreich, fantasievoll und träumerisch, zugleich aber auch extrovertiert, realistisch und zielgerichtet. Er strotzt vor Lebendigkeit, will jede Facette seines Daseins auskosten und verfügt über einen regen Geist. Meist hat man viel Spaß mit ihm, da er witzig und schlagfertig ist, häufig sogar selbstironisch. Er sticht üblicherweise mit seinem Verhalten aus der Masse heraus, punktet mit Charme und Höflichkeit und verfügt über einen edlen Charakter. Der Lavendel ist dank seines hohen Grads an Selbstvertrauen in der Lage, unbeschwert vor großem Publikum zu agieren und Massen zu begeistern. Widerspricht man dem Lavendel allerdings oder bekommt er nicht, was er will, regiert er häufig uneinsichtig, stur und trotzig und verfällt mitunter in Trägheit.

Im Berufsleben kann vor allem der männliche Vertreter dieser Pflanze sehr fordernd und ein erbarmungsloser Verhandler und geschickter Taktierer sein. Hat man ihn nicht auf seiner Seite, wird er unter Umständen zu einem erbitterten Gegner – nicht nur der Konkurrenz, sondern auch der Kollegen und, falls nötig, sogar des Chefs. Der weibliche Lavendel hingegen ist karrierebewusst und geschäftstüchtig, dabei aber stets hilfsbereit, kollegial und freundlich.

Wenn sie sich verliebt hat, verehrt die Pflanze abgöttisch, ist aufmerksam, leidenschaftlich und beinahe aufopfernd. Sie verzeiht nahezu alles, schützt und verteidigt ihren Partner vor den Widrigkeiten des Lebens und anderen Menschen. In einer langjährigen Beziehung neigt der Lavendel jedoch dazu, seinen Partner zu dominieren, besitzergreifend und eifersüchtig zu sein. Sobald er sich jedoch nicht mehr sicher ist und unter Verlustangst leidet, wird er rasch wieder zahm.

BERÜHMTE LAVENDEL

Giorgio Armani – italienischer Unternehmer und Modedesigner
Tom Hanks – US-amerikanischer Schauspieler
Stan Laurel – britischer Komiker (Teil des Duos „Dick & Doof")
Paul McCartney – britischer Musiker („The Beatles")
John D. Rockefeller– US-amerikanischer Unternehmer und Milliardär
Jean-Paul Sartre – französischer Philosoph
Otto Schenk – österreichischer Schauspieler, Kabarettist und Regisseur
Egon Schiele – österreichischer Maler
Richard Strauss – deutscher Komponist und Dirigent
Anna Veith – österreichische Skirennläuferin

Agatha 27.7.

VERGISSMEINNICHT

13. 7.–27. 7.

Symbol für zärtliche Erinnerung, Treue, Sehnsucht, Abschied

ALLGEMEINES

Pflanzenfamilie: Raublattgewächse
Wissenschaftlicher Name: Myosotis
Regionale Namen: Männertreu, Katzenauge, Froschäuglein, blauer Augentrost
Herkunft: Europa
Verbreitung: Europa, Asien, Afrika, Australien und Südamerika
Farbe (Blüte): hellblau, lila
Duft: mild, würzig
Bedeutung als Geschenk: „Vergiss mich nicht", „Ich bin dir treu"

MYTHOLOGISCHES, GESCHICHTLICHES UND KURIOSES

Der deutsche Pflanzenname „Vergissmeinnicht" ist seit dem Mittelalter bezeugt und vermutlich darauf zurückzuführen, dass die zarten Blümchen gerne vom Mann an die Frau als Erinnerung an ihn verschenkt wurden. So rät ein Vers aus jener Zeit:

Mit frauen minniglich sol man reden von Claidern reichlich und von Plumen geben Vergißmeinnicht.

Die wissenschaftliche Bezeichnung Myosotis stammt aus dem Griechischen und bedeutet übersetzt Mäuseohr – mit diesem Begriff wurde die Pflanze bereits von dem antiken Historiker Plinius dem Älteren beschrieben.

Eine Legende zum Namen der Blume besagt, dass die Bezeichnung bei der Erschaffung der Welt entstand, als das Vergissmeinnicht ständig vergaß, wie es hieß.

In der Zeit der Romantik im 18. Jahrhundert galt das Vergissmeinnicht als die „Blaue Blume" des Dichters Novalis als Symbol der Sehnsucht.

Im früheren Brauchtum gab man in der Walpurgisnacht ein Häufchen Erde auf einen Stein und pflanzte darin zwei Vergissmeinnicht-Pflanzen – wuchsen die Blüten der Blumen aufeinander zu, blieb die geliebte Person treu beziehungsweise stand eine Hochzeit ins Haus. Noch heute werden in manchen ländlichen Regionen dem „Zauberkraut" magische Kräfte nachgesagt – so soll es, als Blütenkranz um den Hals des Partners gelegt, einen „unsichtbaren Kreis der ewigen Verbundenheit" bilden.

VERWENDUNG

In der traditionellen Naturheilkunde hat das Vergissmeinnicht kaum Bedeutung. Früher wurde der frische Pflanzensaft gegen Nasenbluten eingesetzt, heute wendet man eine Tinktur äußerlich bei Quetschungen und Hautausschlägen an, ein aus Blüten zubereiteter Tee soll bei Verdauungsstörungen und Nachtschweiß helfen.

Das Vergissmeinnicht dient nahezu ausschließlich als Zierpflanze in Gärten und Parks. In der Küche kommt es hin und wieder auch zu Dekorationszwecken zum Einsatz Besonderen Geschmack an der zarten blauen Blume finden Nagetiere – für sie ist das Vergissmeinnicht ein wahrer Leckerbissen.

Das Räuchern mit getrockneten Blüten soll Sehnsucht stillen.

CHARAKTER

Das Vergissmeinnicht ist ein zuversichtlicher und motivierter Mensch, der zugleich ein wenig weltfremd veranlagt ist. Obwohl die Blume sehr freundlich und stets bereit ist, anderen in schwierigen Situationen zur Seite zu stehen, kann sie selbst nur schwer um Hilfe bitten. Sie trägt eine innere Unruhe und neigt zu Ortswechseln. Das Vergissmeinnicht unterliegt dabei nicht selten widersprüchlichen Impulsen und hetzt von einem Extrem zum anderen.

Auf Fremde wirkt besonders der weibliche Vertreter der Pflanze weich und nachgiebig, enge Vertraute wissen jedoch, dass aus dem sanftmütigen Wesen rasch ein verstockter Sturkopf wird, wenn es sich ausgenutzt fühlt. Nicht selten überrascht die Blume ihr Umfeld mit unerwarteten Aktionen und Reaktionen.

Das Vergissmeinnicht ist sehr intelligent, was ihm auch im Berufsleben zugutekommt, wenn es seine Gabe zur richtigen Zeit einzusetzen weiß. Ihm fliegt förmlich zu, wofür die Kollegen weit mehr und länger arbeiten müssen. Hilfreich für eine rasche Karriere ist auch der energische Wille zum Erfolg, gepaart mit geistiger Robustheit, zähem Durchhaltevermögen und unbedingtem Kampfgeist.

Das Vergissmeinnicht hat einen Hang zum Glücksspiel, kommt aber immer rechtzeitig zur Besinnung und neigt nicht dazu, große Risiken einzugehen. Ebenso verhält es sich in der Liebe. Flirten ja, Seitensprung nein! Der männliche Vertreter der Blume wickelt seine Angebetete mit seinem hypnotischen Blick um den Finger, er ist in der Lage, fast jedes weibliche Wesen damit zu bezaubern und zu verführen – er hat das gewisse Etwas.

BERÜHMTE VERGISSMEINNICHT

Harrison Ford – US-amerikanischer Schauspieler
Ernest Hemingway – US-amerikanischer Schriftsteller
Mick Jagger – britischer Musiker („The Rolling Stones")
Gustav Klimt – österreichischer Maler
Vitali Klitschko – ukrainischer Boxer
Nelson Mandela – südafrikanischer Politiker und Anti-Apartheid-Kämpfer
Mireille Mathieu – französische Sängerin
Angela Merkel – deutsche Politikerin
Ginger Rogers – US-amerikanische Schauspielerin und Tänzerin
Otto Wagner – österreichischer Architekt und Stadtplaner

Thomas 31. 7.

KLEE

28. 7.–4. 8. / 24. 8.–31. 8.

Symbol für Dreifaltigkeit, Liebe, Lebenskraft, Hellsichtigkeit, Glück (vierblättriger Klee)

ALLGEMEINES

Pflanzenfamilie: Hülsenfrüchtler
Wissenschaftlicher Name: Trifolium
Regionale Namen: Honigblume, Hummelblume
Herkunft: Europa, Asien
Verbreitung: Europa, Asien, Ostafrika, USA
Farbe (Blüte): grün, weiß, gelb, rot
Duft: leicht süßlich
Bedeutung als Geschenk: „Sei mein“, „Denk an mich“, „Ich wünsche dir Glück in der Liebe“

MYTHOLOGISCHES, GESCHICHTLICHES UND KURIOSES

Die deutsche Bezeichnung basiert vermutlich auf dem indogermanischen Wort „gleih“ (= kleben) und ist möglicherweise auf den klebrigen Saft der Pflanze oder auf deren schnelle Bewurzelung (althochdeutsch „kliban“ = festsitzen, anhaften) zurückzuführen. Der wissenschaftliche Name stammt aus dem Lateinischen und wurde bereits in der Antike verwendet, er setzt sich aus „tri"(= drei) und „folium" (= Blatt) zusammen.

In Europa hat man den Klee bereits im 4. Jahrhundert angebaut und als Futterpflanze verwendet.

Zum Aberglauben, dass vierblättrige Exemplare Glück bringen sollen, gibt es folgende Legende: Es soll etliche Fälle gegeben haben, in denen Menschen nach dem Durchschreiten einer Wiese und nach dem Fund dieses Glückssymbols die Abfahrt eines Schiffes verpasst hatten, das später auf seiner Fahrt unterging.

Im Mittelalter stand der grüne Klee für ein Stelldichein und wurde in der Liebeslyrik symbolisch verwendet. In Irland gilt das Kleeblatt, genannt Shamrock, neben der Harfe als Nationalsymbol und in China als Bote des Sommers.

Bekannt ist auch das Phänomen, dass dieses Wildkraut „schlafen geht" – seine Blättchen klappen nach Einbruch der Dunkelheit zusammen wie ein kleiner Schirm, der sich im Morgengrauen wieder öffnet.

VERWENDUNG

Der Klee wird aufgrund seines hohen Anteils an verdaulichem Eiweiß oft als Futterpflanze verwendet. Außerdem ist er aufgrund seiner Fähigkeit, an den Wurzeln Stickstoff zu binden, für eine verbesserte Fruchtbarkeit des Bodens von Bedeutung.

In der Naturheilkunde findet der Klee beim Blutstillen und Heilen von Hautkrankheiten Verwendung, der Rotklee hilft bei Husten, Durchfall, Darmentzündungen, Rheuma und Gicht. Dank der östrogenähnlichen Isoflavone in der Pflanze besteht die Hauptanwendung in der Linderung von Wechselbeschwerden.

Außerdem dienen die süßlich schmeckenden Blüten des Rotklees zur Dekoration und Verfeinerung von Salaten, Suppen und Brotaufstrichen.

Das Räuchern mit den getrockneten Blüten kann Spannungskopfschmerzen lösen.

CHARAKTER

Der Klee ist sehr intelligent und vernünftig, steht aber immer auch ein bisschen unter Spannung und ist unruhig, weil er an seinen Entscheidungen zweifelt. Er neigt dazu, immer wieder die gesamte Bandbreite seiner Fähigkeiten und Eigenschaften zu demonstrieren und dabei seine Grenzen auszuloten. Er verfügt über einen unbeugsamen Charakter, ein hohes Maß an Fairness und Loyalität sowie ein ausgeprägtes Rechtsbewusstsein und verhält sich in jeder Lebenslage ehrenhaft. Manchmal würde die Pflanze gerne ein bisschen weniger berechenbar sein und mehr Risiken eingehen, sie wagt es aber selten, über ihren Schatten zu springen. Sie kann gut wirtschaften, ist üblicherweise praktisch veranlagt und auch handwerklich begabt.

Der männliche Klee kann unter gewissen Umständen dazu neigen, sich autoritär zu verhalten, beispielsweise im Beruf, wenn er sich in einer Führungsposition befindet. Generell setzt sich der Vertreter dieser Pflanze im Berufsleben sehr anspruchsvolle Ziele, die er mit Erfolgsorientiertheit und einer großen Portion Ehrgeiz meist auch erreicht. Er ist dabei strukturiert und plant gerne. Chaos macht ihn nervös – vor allem, wenn es nicht sein eigenes ist. Im Umgang mit den Kollegen zeichnet den Klee ein hohes Maß an Entgegenkommen und Hilfsbereitschaft aus.

In der Liebe ist vor allem der weibliche Vertreter dieses Wildkrauts sehr anschmiegsam und liebevoll. Die Pflanze ist auf der Suche nach aufrichtiger Zuneigung und Aufmerksamkeit, schnelle Abenteuer machen sie nur selten glücklich. Befindet sie sich in einer glücklichen Beziehung, ist sie sehr leidenschaftlich, aber ebenso verständnisvoll und kompromissbereit.

BERÜHMTER KLEE

Louis Armstrong – US-amerikanischer Jazzmusiker und Trompeter
Ingrid Bergmann – schwedische Schauspielerin
Sean Connery – britischer Schauspieler
Michael Jackson – US-amerikanischer Sänger, Komponist und Tänzer
Jackie Kennedy – US-amerikanische Journalistin und Frau von John F. Kennedy
Dagmar Koller – österreichische Sängerin, Tänzerin und Schauspielerin
Barack Obama – US-amerikanischer Politiker und Präsident
J. K. Rowling – britische Schriftstellerin („Harry Potter")
Claudia Schiffer – deutsches Model
Arnold Schwarzenegger – österreichischer bzw. US-amerikanischer Bodybuilder, Schauspieler und Politiker

SONNENBLUME

5. 8.–12. 8. / 1. 9.–7. 9.

Symbol für Freundlichkeit, Fröhlichkeit, Zuversicht, Tapferkeit, Stolz

ALLGEMEINES

Pflanzenfamilie: Korbblütler
Wissenschaftlicher Name: Helianthus annuus
Regionale Namen: Sonnenauge, Sonnenstern, Vogelkernblume
Herkunft: Nord- und Mittelamerika
Verbreitung: weltweit
Farbe (Blüte): gelb, orange
Duft: dezent herb
Bedeutung als Geschenk: „Du bist mir wichtig“

MYTHOLOGISCHES, GESCHICHTLICHES UND KURIOSES

Die Sonnenblume wurde nachweislich bereits um 2500 v. Chr. in Mittelamerika angebaut und von den Mayas als Abbild Gottes verehrt. Ihre Samen dienten den Menschen damals als wichtiges Nahrungsmittel. Auch die Azteken verehrten die Pflanze und schmückten damit die Priesterinnen ihrer Sonnentempel.

1552 brachten spanische Seefahrer den Samen nach Europa, wo der Sonnenblume, da sie mit dem Kopf stets der Sonne folgte, ihr deutscher Name gegeben wurde. Die wissenschaftliche Bezeichnung leitet sich von den griechischen Wörtern „helios“ (= Sonne) und „anthos“ (= Blume) ab. Die Ergänzung „annuus“ kommt von „jährlich“ und bezieht sich auf die einjährige Vegetationsphase der Pflanze.

Folgende mythologische Geschichte gibt es zur Sonnenblume: Das Mädchen Clytia verliebte sich in Apollon, den griechischen Gott des Lichts und der Künste, der ihre Gefühle jedoch nicht erwiderte. Aus Protest setzte sich Clytia nackt auf einen Felsen, aß und trank nicht mehr und beklagte ihr Leid. Dabei folgte ihr Gesicht stets ihrem Angebeteten, der täglich mit seinem Sonnenwagen über den Himmel fuhr. Und so wurde aus dem Mädchen mit der Zeit eine Sonnenblume.

In den 1960er-Jahren stellte die Sonnenblume das Symbol der legendären Hippiebewegung dar und galt als Sinnbild für eine friedliche Welt und ein harmonisches Miteinander.

VERWENDUNG

Von der Sonnenblume wurden bereits ab dem 17. Jahrhundert die Kerne verwendet und daraus beispielsweise Speiseöl, Vogelfutter, Farben und Medizin gemacht. Geröstet stellen die reifen Früchte auch einen beliebten Snack dar – in 100 Gramm steckt mehr Eiweiß als in einem Steak.

In der russischen und ukrainischen Volksmedizin nutzt man das Öl der Sonnenblume zum Ölziehen, durch das der Organismus entschlackt und entgiftet werden soll.

Der tägliche Verzehr der Kerne hilft außerdem dauerhaft gegen Verdauungsprobleme.

Beim Räuchern mit Sonnenblumenkernen wird lichtvolle Kraft im Raum verbreitet.

CHARAKTER

Die Sonnenblume verfügt über edle Charakterzüge, ist gütig, freundlich und fair. Familie und Freunde loben überdies ihre Hilfsbereitschaft, Spendierfreudigkeit und Gastfreundschaft. Natürlich setzt sie sich bei sämtlichen Aktionen gerne selbst in Szene, denn Bescheidenheit gehört nicht unbedingt zu ihren Tugenden. Der menschliche Vertreter dieser Pflanze ist ein Freund von Ritualen und Zeremonien, genießt auch dabei seinen Auftritt – selbstverständlich als Erstbesetzung in der Titelrolle – vor Publikum und liebt das Bad in der Menge. Die majestätische Sonnenblume mag Pomp, Prunk und Protz, den es auch gerne mit seinen „Untertanen" teilt.

Die männliche Pflanze neigt allerdings auch dazu, alles wegzuschieben, was ihm die Show stiehlt. Sie ist aber auch stark und mutig, weshalb man ihr die Führungsposition in einem Freundes- oder Kollegenkreis gerne zugesteht.

Die Sonnenblume weiß finanzielle und emotionale Bedürfnisse zu trennen, weshalb sie nur selten ausgenutzt wird, und genießt mit fast kindlicher Freude die schönen Seiten des Lebens. Gerät sie auf die Schattenseite, kämpft sie sich tapfer und mit der Selbstverständlichkeit des Siegers wieder ins helle Licht zurück.

Im Beruf hat die Sonnenblume die Gabe, unwichtige Details auszublenden und sich gut organisiert auf das Wesentliche zu fokussieren, weshalb sie meist äußerst erfolgreich und häufig als Unternehmer tätig ist.

In der Liebe erobert sie mit Stolz, führt eine Beziehung mit toleranter Großzügigkeit und verarbeitet eine Abfuhr oder Trennung mit Würde. Vor allem die weibliche Sonnenblume will erobert werden und gewährt erst dann huldvoll ihre Gunst, wenn ihr Göttinnenstatus anerkannt wurde.

BERÜHMTE SONNENBLUMEN

Helene Fischer – deutsche Sängerin und Entertainerin
Dustin Hoffman – US-amerikanischer Schauspieler
Whitney Houston – US-amerikanische Sängerin
Freddie Mercury – britischer Musiker
Hans Moser – österreichischer Schauspieler
Ferdinand Porsche – österreichisch-ungarischer Autokonstrukteur
Herbert Prohaska – österreichischer Fußballer
Keanu Reeves – kanadischer Schauspieler
Joseph Roth – österreichischer Schriftsteller und Journalist
Andy Warhol – US-amerikanischer Maler, Grafiker und Filmemacher

Gitti 9.9.

ROSE

13. 8. –23. 8. / 8. 9.–12. 9.

Symbol für Liebe, Leidenschaft, Freude, Jugend

ALLGEMEINES

Pflanzenfamilie: Rosengewächse
Wissenschaftlicher Name: Rosa
Regionaler Name: Königin der Blumen
Herkunft: Asien, Persien
Verbreitung: weltweit
Farbe (Blüte): weiß, gelb, orange, apricot, rosa, rot
Duft: lieblich bis süß
Bedeutung als Geschenk: je nach Farbe „Ich bin dir treu" (weiß), „Ich will mich versöhnen" (gelb), „Ich bin glücklich" (orange/apricot), „Ich liebe dich" (rosa, rot)

MYTHOLOGISCHES, GESCHICHTLICHES UND KURIOSES

Der deutsche Name ist seit dem 9. Jahrhundert bezeugt, abgeleitet von dem wissenschaftlichen, bei dem es sich vermutlich um eine lateinische Übersetzung der persischen Bezeichnung für die Blume handelt.

In der Mythologie galt die Rose als Lieblingsblume der Aphrodite, der Göttin der Schönheit und Liebe.

Im Römischen Reich besaß die Pflanze eine starke Symbolkraft, es wurden beispielsweise sowohl die Körper von Liebenden wie auch – im Rahmen des Totenkults – Leichname mit Rosenöl gesalbt. Auch im Christentum hatte die Blume schon früh eine wichtige symbolische wie mystische Funktion. Im Mittelalter bezeichnete man mit dem Wort Rosengarten ein Schlachtfeld.

Ab der Renaissance wurde die Rose in Europa verstärkt kultiviert und vorwiegend in Adelskreisen gezüchtet. Erst im Barock hielt die Rose auch in die Gärten des „einfachen Volks" Einzug.

Weltweit dürften derzeit um die 50 000 verschiedene Rosensorten existieren. Wildrosenarten gibt es allerdings bereits seit mehr als 25 Millionen Jahren, wie fossile Funde beweisen.

Im Volksglauben hielt man mit Rosen im Kräutergarten Bettler fern, und Hagebutten, die roten Früchte der Rose, schützten vor Verhexung. Beim Liebeszauber sollen ins Feuer geworfene Knospen das Glück in der Partnerschaft sichern.

VERWENDUNG

Die Kelten und Germanen nutzten die Hagebutten, neben der Verwendung zum Färben von Stoffen, vorwiegend zum Verzehr. Bis heute werden die Früchte zu Marmelade und Tee verarbeitet.

In der traditionellen Heilkunde gelten Hagebutten als Mittel gegen Erkältungskrankheiten, Darmerkrankungen, Gallenleiden, Gicht und Rheuma. Aus den Blütenblättern der Rose kann, in Kombination mit Zucker, ein entzündungshemmend wirkender „Honig" hergestellt werden.

Das aus den Kronblättern der Blume gewonnene Rosenöl ist ein wichtiger Grundstoff der Parfümindustrie.

In der Aromatherapie wird der Rosenduft aufgrund seiner entspannenden und ausgleichenden Wirkung zur Stresslinderung eingesetzt.

Das Räuchern mit getrockneten Rosenblättern dient der Segnung von Liebesbeziehungen, Herzöffnung, Selbstliebe, Versöhnung und Harmonisierung.

CHARAKTER

Die Rose ist eine Person, die als Multitalent ihre Mitmenschen häufig in Erstaunen versetzt. Darüber hinaus ist sie sehr facettenreich und hat viele Interessen. Der menschliche Vertreter der Blume besticht meist mit Eleganz und Vornehmheit, hat ein Gefühl für Chic und Stil und legt Wert auf ein makelloses Äußeres. Eine Rose will darüber hinaus positiv beeindrucken und sich von der Masse abheben, sie kalkuliert daher sehr genau ihr Auftreten.

Bei der einen oder anderen trifft man auf einen widersprüchlichen Charakter, weil sie etwas anderes darstellen möchte, als sie ist. Dennoch handelt es sich bei der Rose um eine optimistische und organisierte Person, die außerdem sehr souverän und versiert ist. Der männliche Vertreter der Pflanze strahlt dabei elitäre Dominanz aus. Die Blume verfügt außerdem über einen ausgeprägten Gerechtigkeitssinn und einen intelligenten, visionären Weitblick. Sie liebt Diskussionen über Themen wie Verschwörungstheorien und Utopien.

Im Berufsleben findet man die Rose in gehobenen Positionen, in denen sie große Verantwortung trägt, oder sie ist auf dem Weg dorthin, auf dem sie sehr engagiert und hartnäckig um Anerkennung ihrer Leistung kämpft. Am Arbeitsplatz demonstriert die Pflanze gerne ihre Macht – allerdings mit Bedacht und wohldosiert.

In der Liebe ist der menschliche Vertreter der Rose sehr familiär und auf den Partner bezogen, dabei ist er sehr umsichtig, außerdem zärtlich bis leidenschaftlich. Die weibliche Rose verfügt über einen ausgeprägten Hang zu Eifersucht, allerdings nur, wenn diese begründet ist – alles andere wäre unter ihrer Würde.

BERÜHMTE ROSEN

Franz Beckenbauer – deutscher Fußballfunktionär
Fidel Castro – kubanischer Politiker und Revolutionär
Coco Chanel – französische Modeschöpferin
Bill Clinton – US-amerikanischer Politiker und Präsident
Robert De Niro – US-amerikanischer Schauspieler
Franz Joseph I. – österreichischer Habsburger-Kaiser
Alfred Hitchcock – britischer Filmregisseur
Ephraim Kishon – israelischer Schriftsteller und Satiriker
Madonna – US-amerikanische Sängerin
Franz Werfel – österreichischer Schriftsteller, Dramatiker und Dichter

KAMILLE

13. 9.–27. 9.

Symbol für Bescheidenheit, Hoffnung, Trost, Beruhigung

ALLGEMEINES

Pflanzenfamilie: Korbblütler
Wissenschaftlicher Name: Matricaria chamomilla
Regionale Namen: Apfelkraut, großes Gänseblümchen, Kummerblume
Herkunft: Süd- und Osteuropa
Verbreitung: vorwiegend Europa
Farbe (Blüte): weiß
Duft: stark würzig, dezente süßliche Apfelnote
Bedeutung als Geschenk: „Ich bin immer für dich da“, „Mögen sich deine Wünsche erfüllen“, „Du entrüstest mich durch deine Eifersucht“

MYTHOLOGISCHES, GESCHICHTLICHES UND KURIOSES

Der deutsche Name, der seit dem 14. Jahrhundert belegt ist, leitet sich aus dem wissenschaftlichen Begriff ab, der wiederum vom griechischen Wort „chamaimelon“ abstammt, was so viel wie „niedriger Apfel“ bedeutet. „Matricaria“ heißt übersetzt „große Mutter“, womit die Mutter Erde gemeint ist.

Die Kamille wurde bereits in alten Hochkulturen verwendet und war in Ägypten sogar dem Sonnengott Re geweiht, da die gelben Blütenköpfchen und die strahlenförmig abgehenden weißen Blütenblätter einen starken Bezug zur Sonne herstellen. Die Germanen räucherten die Pflanze im Rahmen ihrer Sonnwendfeuer, um Krankheit und Unheil zu bannen, die Römer verwendeten die Pflanze zur Heilung.

In der nordischen Mythologie gilt die Blume als „Hauspflanze“ von Asgard (Sitz der Götter, Asen genannt).

Im Volksglauben stellt die Kamille vor allem ein reinigendes und schützendes Wildkraut dar, das Kraft verleiht und Bescheidenheit lehrt.

Häufig hat man die Blüten auch für magische Rituale genutzt. Im Mittelalter glaubte man beispielsweise, damit Flüche abwehren zu können. Und es hieß, man würde beim Glücksspiel das Geld anziehen, wenn man vorher seine Hände in Kamillenwasser badete.

VERWENDUNG

Die Kamille zählt zu den ältesten Heilpflanzen der Erde. Ihre Blüten wirken entzündungshemmend, krampflösend und bakterienhemmend, sie werden als Tee oder Tinktur zur Bekämpfung von Magen- und Darmbeschwerden, Zahnfleisch- oder Halsentzündungen, Bindehautreizungen sowie Hautirritationen eingesetzt. Die Heilkraft der Kamille wird auch von der Schulmedizin anerkannt.

Der Duft der Pflanze wird darüber hinaus häufig in der Parfümindustrie genutzt.

In der Duftlampe verwendet, lindert Kamillenöl Kopfschmerzen, vertreibt dunkle Gedanken und schenkt Zuversicht und Geborgenheit.

Beim Räuchern entfalten die getrockneten Blüten eine harmonisierende und reinigende Wirkung auf Körper und Geist.

CHARAKTER

Die Kamille wirkt stets attraktiv und jugendlich und sie behält die Gabe, Körper und Geist fit zu halten, bis ins hohe Alter. Sie besitzt einen optimistischen und dazu flexiblen Charakter und versteht es außerdem, sehr nachhaltig zu leben. Der menschliche Vertreter dieser Pflanze weiß ganz genau, was er will. Aufgrund seiner Fähigkeit, stets die Ruhe zu bewahren und sich anzupassen, kommt er in den meisten Fällen auch ans Ziel; manchmal sogar ganz unauffällig.

Auf andere Menschen wirkt die Kamille beruhigend und versteht es, für Harmonie zu sorgen. Sie ist allerdings auch immer bereit, anderen zu helfen, besitzt ausgeprägte politische Instinkte und organisatorische Fähigkeiten, darüber hinaus steckt sie selbst Niederlagen mit Humor weg. Da diese Pflanze auch das Schöne und Hochkarätige liebt, ist so manch menschlicher Vertreter Sammler kulturell interessanter und wertvoller Objekte. Eine männliche Kamille wird unter Umständen sogar zum Kunstmäzen.

Beruflich ist der menschliche Vertreter dieses Wildkrauts sehr engagiert und am ehesten in Positionen zu finden, in denen er sein Talent zur Friedensstiftung und konstruktiver Planung einsetzen kann. Oder er übt eine Tätigkeit aus, bei der er in der Lage ist, seine Qualitäten als Anführer mit Weitblick und Initiator mit Forschergeist voll auszuleben.

In der Liebe ist vor allem die weibliche Kamille sehr fantasievoll, abenteuerlustig und sucht die Abwechslung, sie besitzt große Willensstärke, wenn es darum geht, das Herz eines anderen zu erobern. In der Partnerschaft ist diese Pflanze sehr häuslich und schätzt die Geborgenheit innerhalb der Familie.

BERÜHMTE KAMILLEN

Agatha Christie – britische Kriminalschriftstellerin
Michael Douglas – US-amerikanischer Schauspieler
Peter Falk – US-amerikanischer Schauspieler („Columbo")
Greta Garbo – schwedische Schauspielerin
Julio Iglesias – spanischer Sänger
Stephen King – US-amerikanischer Schriftsteller
Sophia Loren – italienische Schauspielerin
Reinhold Messner – österreichischer Bergsteiger
Ferry Porsche – österreichischer Automobil-Ingenieur
Romy Schneider – deutsch-französische Schauspielerin
Bruce Springsteen – US-amerikanischer Musiker

HIBISKUS

28. 9.–5. 10. / 24. 10 –1. 11.

Symbol für Entschlossenheit, Durchhaltevermögen

ALLGEMEINES

Pflanzenfamilie: Malvengewächse
Wissenschaftlicher Name: Hibiscus
Regionale Namen: Eibisch, Malve, Karkade, Große Käsepappel, Pissblume
Herkunft: Südostasien
Verbreitung: Tropen und Subtropen
Farbe (Blüte): weiß, rot, rosa, gelb, lila, auch zweifarbig
Duft: schwach säuerlich
Bedeutung als Geschenk: „Ich kämpfe um dich“

MYTHOLOGISCHES, GESCHICHTLICHES UND KURIOSES

Bei dem Wort Hibiskus handelt es sich vermutlich um ein Lehnwort aus dem Lateinischen, das wiederum auf einer keltischen Bezeichnung für diese Pflanze basiert.

Schon in der Antike hat man den Hibiskus zu Heilzwecken verwendet, zu Zeiten der Römer diente er auch als Potenzpflanze. Xenokrates, ein Arzt des Kaisers Tiberius, hatte nämlich behauptet, dass der Blumensamen, über die Genitalien gestreut, die Lust des Mannes ins Unendliche steigere. Bei Frauen sollten die Blüten, in der Nahrung zu sich genommen, auch als starkes Aphrodisiakum wirken.

Der Volksname „Pissblume“ bezieht sich übrigens nicht auf den eigentümlichen Geruch der Pflanze, sondern darauf, dass der Hibiskus in früheren Zeiten als „Schwangerschaftstest“ fungierte: Eine Frau urinierte auf die Blume und verdorrte diese nach einigen Tagen, war sie nicht schwanger. Blieb die Pflanze farbig, standen ihr Mutterfreuden bevor. Im Rahmen der Hexenverfolgung wurde der Hibiskus sogar zur „Wahrheitsdroge“ – blieb die Blüte in Gegenwart der Verdächtigen frisch, galt sie als unschuldig.

Beim Hibiskus handelt es sich außerdem um die Nationalblume Malaysias, die als Symbol des Reichtums sowie der sexuellen Anziehungskraft gilt und bei Festen als Haarschmuck getragen wird. Auf Hawaii heißt man Besucher mit einer Kette aus Hibiskusblüten willkommen.

VERWENDUNG

Asiaten verwenden die Kelche der Blume zum Schwarzfärben ihrer Haare, in Europa werden sie zum Aromatisieren und Nachdunkeln von Früchteteemischungen verwendet.

In der Volksmedizin wird ein Tee aus getrockneten Hibiskusblüten (im Handel auch als Malventee erhältlich) vorwiegend zur Heilung von Harnwegsinfekten eingesetzt, die Pflanze wirkt außerdem appetitanregend, günstig auf das Herz-Kreislauf-System und schützt die Gefäße. Hibiskus verfügt zudem über eine hohe Konzentration an Vitamin C.

Beim Räuchern soll getrockneter Hibiskus die Fruchtbarkeit steigern, Frauen dazu verhelfen, gesunde Kinder zu gebären und vor Krankheiten schützen.

CHARAKTER

Der Hibiskus-Mensch hat einen ruhigen Charakter, verfügt jedoch, oft unbemerkt von seinem Umfeld, über ein enormes Potenzial an Wandlungsfähigkeit und Spontaneität. Diese Gabe ermöglicht es ihm, sich in jeder Situation rasch zurechtzufinden und die Gegebenheiten zu seinen Gunsten zu nutzen. Gar nicht selten spielt dabei allerdings auch der Zufall eine große Rolle, der abenteuerliche Wendungen ermöglicht.

Der weibliche Hibiskus ist mit einem hervorragenden Instinkt für aussichtsreiche Chancen ausgestattet, der männliche mit Willensstärke – beide nutzen ihre Gabe für private und berufliche Erfolge, die sie mühelos erreichen und die ihnen fast in den Schoß zu fallen scheinen. Der menschliche Vertreter dieser Blume ist aktiv, kreativ und fleißig, außerdem ist er sehr gastfreundlich und gesellig.

Beruflich strebt der Hibiskus nur dann nach Höherem, wenn er die Position, die ihm seiner Meinung nach entspricht, noch nicht erreicht hat. Der Ehrgeiz stagniert, wenn er mit seinen Leistungen zufrieden ist, denn das Übermaß liegt ihm nicht. Ebenso wenig legt er übertriebenen Wert auf Anerkennung von außen. Als Chef wird er gerne hofiert, ist aber unbestechlich.

In einer Beziehung lebt der Hibiskus, ganz anders als im Beruf, seine Extreme aus, durchaus auf exotische Weise. Er kann sehr leidenschaftlich – auch leidenschaftlich eifersüchtig – sein, aber ebenso kühl, herablassend und distanziert, wenn das Feuer erloschen ist. Er liebt immer ehrlich und aufrichtig, ebenso hasst er auch – oder stellt offen Gleichgültigkeit zur Schau.

BERÜHMTE HIBISKEN

Brigitte Bardot – französische Schauspielerin und Sängerin
Hillary Clinton – US-amerikanische Politikerin
Leopold Figl – österreichischer Politiker
Mahatma Gandhi – indischer Rechtsanwalt und gewaltloser Widerstandskämpfer
Bill Gates – US-amerikanischer Unternehmer („Microsoft")
Udo Jürgens – österreichischer Sänger und Komponist
Buster Keaton – US-amerikanischer Schauspieler und Komiker
Marcello Mastroianni – italienischer Schauspieler
Pablo Picasso – spanischer Maler und Bildhauer
Julia Roberts – US-amerikanische Schauspielerin
Bud Spencer – italienischer Schauspieler
Christoph Waltz – österreichischer Schauspieler

DAHLIE

6. 10.–12. 10. / 2. 11.–9. 11.

Symbol für Dankbarkeit, Stärke,
Glück, Reinheit

ALLGEMEINES

Pflanzenfamilie: Korbblütler
Wissenschaftlicher Name: Dahlia
Regionaler Name: Georgine
Herkunft: Mexiko, Guatemala
Verbreitung: Südamerika, Europa, Russland
Farbe (Blüte): weiß, gelb, orange, rosa, rot, lila, violett, auch mehrfarbig
Duft: nahezu geruchlos
Bedeutung als Geschenk: je nach Farbe „Dein Wesen ist rein" (weiß), „Du bist das Glück meines Lebens" (gelb, orange), „Ich bin für immer dein" (rosa, lila, violett), „Du bist meine große Liebe" (rot)

MYTHOLOGISCHES, GESCHICHTLICHES UND KURIOSES

Ihren Namen verdankt die Pflanze dem schwedischen Botaniker Andreas Dahl, der im 18. Jahrhundert mit der Benennung von einem Kollegen geehrt wurde.

Angepflanzt hat man die bunten Blumen erstmals in den großen Gartenanlagen der Azteken in Mexiko, davon berichtete beispielsweise der spanische Eroberer Hernán Cortéz zu Beginn des 16. Jahrhunderts. Damals diente die Pflanze unter anderem auch als Nahrung – denn die Dahlie ist essbar – und spielte eine Rolle als Sonnensymbol bei kulturellen und religiösen Anlässen. 1791 sandte der Direktor des Botanischen Gartens in Mexiko City die ersten Dahliensamen nach Spanien, von wo aus sich die Pflanze sehr schnell in ganz Europa und Russland ausbreitete.

Entscheidend zur Vermehrung beigetragen hat Alexander von Humboldt zu Beginn des 19. Jahrhunderts, als er Samen verschiedenfarbiger Dahlien aus Südamerika mitbrachte und den Gartenanlagen Europas zur Aussaat anbot.

In Deutschland pflanzte auch der Dichter Johann Wolfgang von Goethe Dahlien in seinem Garten, ganze 42 verschiedene Sorten wuchsen beim Dichterfürsten. Nach ihm wurde sogar eine Sorte benannt, und zwar in der damaligen Schreibweise „Göthe". Züchtungen gibt es übrigens in allen erdenklichen Farben, nur eine blaue Dahlie ist noch niemandem geglückt.

VERWENDUNG

Bei den Azteken wurde der Knollensaft für medizinische Zwecke eingesetzt, er wirkt antibiotisch, gegen Blähungen und Magenbeschwerden sowie bei Verletzungen und Brüchen. In der Volksmedizin ist die Anwendung in diesen Fällen bis heute gängig.

Verbreiteter ist eine Verwendung der Blüten als essbare Dekoration von Salaten oder Suppen oder zum Färben von Wolle. Vorwiegend jedoch stellt die Dahlie aufgrund ihrer Farben-, Arten- und Formenvielfalt eine beliebte Zierpflanze in Garten- und Parkanlagen dar.

CHARAKTER

Bei einer als Dahlie geborenen Person handelt es sich um einen Menschen mit Sinn für Kunst, Ästhetik und Stil. Sie ist extrovertiert und empfänglich für die äußeren Reize ihres Umfelds, deren Quellen sie oft neugierig erforscht – hört die Dahlie beispielsweise Klaviermusik auf der Straße, sieht sie nach, woher sie kommt und singt ein Lied zur Melodie.

Diese Blume verfügt zudem über originelles Denken und kann sich in Wort und Schrift gewählt ausdrücken. Große Taten, die eine willensstarke und unternehmungslustige Dahlie häufig vollbringt, erwachsen aus freundschaftlicher Zuneigung und Respekt den Mitmenschen gegenüber. Sie erkennt, dass ein erfülltes Leben nicht im Halbtonschritt funktioniert und Risiken immer miteinkalkuliert werden müssen. Auf Druck und Stress allerdings reagiert vor allem die weibliche Pflanze mit Verweigerung und unter Umständen auch mit Krankheit.

Beruflich lässt sich die Dahlie, wenn irgendwie möglich, auf keine Kompromisse ein – sie will ihre Leidenschaften leben und damit Meisterleistungen vollbringen, für die sie, wenig bescheiden, umfangreiches Lob erwartet. Für einen begehrten Job kämpft der männliche Vertreter der Blume mit vollem Elan so lange, bis er ihn hat.

In der Liebe glaubt die Dahlie häufig an das Schicksal, das beim Zusammenführen zweier Herzen die Finger im Spiel haben könnte. Sie hat dann die Tendenz zur sofortigen und unwiderruflichen Entscheidung für genau diesen Partner und tut sich sehr schwer mit einer eventuellen Abfuhr und der notwendigen Neuorientierung.

BERÜHMTE DAHLIEN

Bryan Adams – kanadischer Sänger und Komponist
Alain Delon – französischer Schauspieler
Heinz Fischer – österreichischer Politiker und Präsident
John Lennon – britischer Musiker („The Beatles")
Konrad Lorenz – österreichischer Zoologe
Robert Musil – österreichischer Schriftsteller
Luciano Pavarotti – italienischer Tenor
Josef Wenzel von Radetzky – österreichischer Feldmarschall
Giuseppe Verdi – italienischer Komponist
Conchita Wurst – österreichische Sängerin und Dragqueen

Resi 14.10.

EISENHUT

13. 10.–23. 10. / 10. 11.–14. 11.

Symbol für Beruhigung,
Befreiung, Friede

ALLGEMEINES

Pflanzenfamilie: Hahnenfuchsgewächse
Wissenschaftlicher Name: Aconitum
Regionale Namen: Akonit, Sturmhut, Wolfs- und Teufelswurz, Mönchskappe
Herkunft: Sibirien
Verbreitung: Europa, Asien, Amerika
Farbe (Blüte): weiß, gelb, blau, lila, violett, auch zweifarbig
Duft: geruchlos
Bedeutung als Geschenk: „Es tut mir leid"

MYTHOLOGISCHES, GESCHICHTLICHES UND KURIOSES

Akonitos heißt ein Berg in Kleinasien, von dem die Pflanze ihren wissenschaftlichen Namen erhalten hat, die deutsche Bezeichnung ist auf den helmartigen (Helm = Eisenhut) Blumenkopf zurückzuführen.

Die Gattung soll in der Arktis bereits vor 65 Millionen Jahren geblüht und sich vor etwa 30 Millionen Jahren, mit Beginn des Eiszeitalters, über Europa, Asien und Amerika ausgebreitet haben.

Mit dem Knollensaft des Blauen Eisenhuts, der nur vom Staat in speziellen Gärten angepflanzt werden durfte, wurden im alten Rom und antiken Griechenland – wie auch heute noch in China – zahlreiche Giftanschläge verübt und Schwerverbrecher hingerichtet.

In der griechischen Mythologie, in der das Gift der Pflanze aus dem Speichel des dreiköpfigen Cerberus stammte, ermordete Medea ihren Stiefsohn Theseus mit dem Saft des Eisenhuts. Die tödliche Dosis für Erwachsene beträgt ein bis zwei Gramm, die zum langsamen Tod durch Atem- oder Herzlähmung führt.

In der Magie gilt der Eisenhut mit seinem Namen „Teufelswurz“ als Aphrodisiakum, das, wohldosiert und ausschließlich äußerlich angewandt, berauschende Halluzinationen hervorruft. Im Mittelalter wurden aus diesem Grund Teile der Blume zu „Hexensalben“ verarbeitet, die zu psychodelischen Zuständen verhalfen.

Auch in der Welt von Harry Potter findet sich die Pflanze als Zutat in mehreren Zaubertränken.

VERWENDUNG

Von den Mauren wurde der Knollensaft des Blauen Eisenhuts noch Mitte des 16. Jahrhunderts als Pfeilgift verwendet. Ärzte von der Antike bis zum Mittelalter nutzten die Pflanze als Mittel gegen Lepra, Malaria und Aussatz. Darüber hinaus hat man sie als Abführmittel verwendet.

In der Volksmedizin Chinas ist die Pflanze als Verjüngungsmittel in Gebrauch und stellt eine Zutat des bekannten Fünf-Mineralien-Pulvers dar.

Der Pflanzensaft der Blätter gilt in der traditionellen Volksmedizin als Arznei gegen Entzündungskrankheiten, rheumatische Leiden, Gicht, Asthma, Grippe, Erbrechen und Fieber.

Aufgrund seiner kräftigen Farbe stellt der Eisenhut eine beliebte Zierpflanze in den heimischen Gärten dar.

CHARAKTER

Der menschliche Vertreter des Eisenhuts kann zu Recht als ungewöhnliche Person bezeichnet werden, die seine Mitmenschen mit herzlichem Charme und großzügigem Altruismus begeistert. Sie ist, geprägt von Offenherzigkeit und Unvoreingenommenheit, frei im Denken, authentisch im Handeln und aufrichtig im gesamten Sein. Sie verfügt trotz ihrer empfindsamen Intuition über einen kritischen Rationalismus und eine vernünftige Bodenständigkeit, ohne dabei jedoch auf Spannung und Abenteuer zu verzichten.

Hat sich ein Eisenhut etwas in den Kopf gesetzt, verfolgt er einen konkreten Plan zur Erlangung des Gewünschten mit entschlossener, energischer Willensstärke – Kapitulation ausgeschlossen. Vor allem bei so manchem weiblichen Vertreter der Pflanze kann durch Enttäuschungen jedoch die Stimmung kippen und trübsinnig werden. Nur mit viel Sicherheit und Bestätigung holt man ihn aus dem dunklen Loch wieder an die helle Oberfläche.

Im Berufsleben ist die Blume sehr fokussiert und verfolgt mit zäher Beharrlichkeit ihr Ziel, ohne dabei jedoch andere zu umgehen – im Gegenteil: Bewährt man sich im Team des Eisenhuts, vor allem des männlichen, kann man darauf vertrauen, dass er einen auf der Karriereleiter mitnimmt und den Erfolg mit selbstverständlicher Kollegialität teilt.

In der Liebe geht diese Pflanze stets so wenig Risiko wie möglich ein, ist aber dennoch in der Lage, sich leidenschaftlich zu verlieben. Allerdings kann es vorkommen, dass dem Eisenhut Glück und Stabilität in einer Beziehung verwehrt bleiben – oft, weil er selbst nicht daran glaubt und sich deshalb dem Partner gegenüber misstrauisch verhält.

BERÜHMTE EISENHÜTE

Leonardo DiCaprio – US-amerikanischer Schauspieler
Rita Hayworth – US-amerikanische Schauspielerin
Christiane Hörbiger – österreichische Schauspielerin
Grace Kelly – US-amerikanische Schauspielerin und Fürstin von Monaco
Kim Kardashian – US-amerikanische Unternehmerin, Model und It-Girl
Astrid Lindgren – schwedische Schriftstellerin
Claude Monet – französischer Maler
Friedrich Nietzsche – deutscher Philosoph
Alfred Nobel – schwedischer Chemiker und Erfinder
Friedrich Schiller – deutscher Dramatiker, Lyriker und Essayist

Finni 27.11.

CHRYSANTHEME

15. 11.–30. 11.

Symbol für Glück, Beständigkeit, Heiterkeit, Nähe, Tod

ALLGEMEINES

Pflanzenfamilie: Korbblütler
Wissenschaftlicher Name: Chrysanthemum
Regionale Namen: Goldblume, Wucherblume, Indisches Mutterkraut
Herkunft: Asien
Verbreitung: Asien, Mitteleuropa
Farbe (Blüte): weiß, gelb, orange, rosa, rot, violett, auch zweifarbig
Duft: grün, frisch
Bedeutung als Geschenk: je nach Farbe „Ich nehme Abschied“ (weiß), „Ich möchte mich an dich binden“ (gelb, orange), „Mein Herz ist frei“ (rosa), „Lass es uns miteinander versuchen“ (rot), „Ich fühle mich dir nahe“ (violett)

MYTHOLOGISCHES, GESCHICHTLICHES UND KURIOSES

Der deutsche Name dieser Pflanze leitet sich vom wissenschaftlichen ab und bedeutet so viel wie „Goldblume“, eine Zusammensetzung aus den griechischen Worten „chrysós“ (= Gold) und „ánthemon“ (= Blume).

Archäologische Funde von Porzellan, Keramik und Münzen beweisen, dass diese Blume schon sehr früh gezüchtet wurde. In China erwähnte der Philosoph und Lehrmeister Konfuzius um circa 500 v. Chr. den Anbau der Chrysantheme. Nach Europa kam sie im 17. Jahrhundert, und schon 100 Jahre später war sie aus der Gartenkultur nicht mehr wegzudenken.

In Japan genießt die Chrysantheme den Status einer Nationalblume und steht vor allem für Glück, Wohlstand und Loyalität, gilt aber auch als Symbol für Dauerhaftigkeit und Tradition. So wurde in diesem Land sogar der kaiserliche Thron nach der Blume benannt. Laut einer Legende schickte einst ein brutaler asiatischer Herrscher junge Männer aus, um ihm die „magische Pflanze“ von der Nachbarinsel zu bringen. Er hatte nämlich vernommen, dass diese als Tinktur ein Lebenselixier darstelle. Es hieß, dass die Blume nur von Menschen mit reinem Herzen berührt werden durfte. Von den Männern kehrte keiner in die Heimat zurück, sie blieben auf der Insel, die man später Japan nannte.

In der magischen Welt gilt die Chrysantheme als Pflanze, mit der man Feen anlockt.

VERWENDUNG

Die Heilkraft der Chrysantheme ist im asiatischen Raum hochgeschätzt, sie wurde dort vermutlich schon ab dem 1. Jahrhundert zu medizinischen Zwecken eingesetzt. Laut TCM (= Traditionelle Chinesische Medizin) hilft ein Tee aus getrockneten Blüten gegen Kopfweh, Halsschmerzen, Hautkrankheiten und Fieber, er unterstützt außerdem die Reinigung der Leber und dient zur Erholung nach einer Grippe.

In der westlichen Kräutermedizin behandelt man mit der Pflanze Störungen des Blutkreislaufs. Darüber hinaus werden mit den essbaren Blüten gerne Speisen dekoriert.

Als Aromaöl sowie beim Räuchern wirkt die Blume gegen Müdigkeit und Kopfweh, außerdem verbessert sie die Wahrnehmung auf feinstofflicher Ebene.

CHARAKTER

Die Chrysantheme ist in vielen Bereichen sehr talentiert, kann sich gut selbst motivieren und dadurch einen enormen Ehrgeiz entwickeln. Sie ist mit einer guten Intuition ausgestattet, die es ihr in vielen Bereichen des Lebens ermöglicht, vor dem Denken zu handeln.

Weil sich noch eine gute Menschenkenntnis hinzugesellt, führt das in den meisten Fällen zu guten Entscheidungen. Und es trifft Willensstärke auf Zielorientiertheit, was eine männliche Chrysantheme zum Kämpfer macht, der um jeden Preis siegen will und die Konkurrenz dabei erbarmungslos aus dem Weg räumt. Er setzt dabei seinen ganzen Charme ein, um kurz darauf mit süffisantem Gewinnerlächeln am Gegner vorbeizuziehen. Hin und wieder artet der Wunsch, immer und überall der Beste zu sein, allerdings in Verbissenheit aus. Eine weitere Eigenschaft der Chrysantheme: Sie liebt fremde Länder, exotische Hobbys und sportliche Herausforderungen.

Auch im Berufsleben weiß diese Pflanze, was sie will, und holt es sich auch, wenn man sie lässt. Sie verfügt über ein gutes

Gespür für lukrative Geschäfte, kann gut mit Zahlen umgehen und handelt stets wirtschaftlich vernünftig. Die Chrysantheme ist aber auch ein Wortakrobat und musisch begabt und wäre künstlerisch erfolgreich, wenn sie sich nicht von der Angst, damit nicht genug Geld zu verdienen, leiten ließe und einen Imageverlust durch finanzielles Versagen fürchtete.

In der Liebe ist die Blume, vor allem die weibliche, recht emotional und kann mit einer Abfuhr nur sehr schwer umgehen. Generell spielt die Chrysantheme gerne und liebt das Risiko – hat sie sich jedoch entschieden, ist sie ein hingebungsvoller Partner.

BERÜHMTE CHRYSANTHEMEN

Winston Churchill – britischer Politiker und Staatsmann
Jodie Foster – US-amerikanische Schauspielerin
Andreas Gabalier – österreichischer Sänger
Indira Gandhi – indische Politikerin
Wolfgang Joop – deutscher Modedesigner
Bruce Lee – US-amerikanischer Kampfkünstler und Schauspieler
Toni Sailer – österreichischer Skirennläufer
Martin Scorsese – US-amerikanischer Regisseur und Drehbuchautor
Tina Turner – US-amerikanische Sängerin
Stefan Zweig – österreichischer Schriftsteller

ASTER

1. 12.–5. 12. / 22. 12.–31. 12.

Symbol für Tod, Liebe, Geduld, Würde, Respekt

ALLGEMEINES

Pflanzenfamilie: Korbblütler
Wissenschaftlicher Name: Aster
Regionale Namen: Totenblume, Sternblume, Gartenschönchen
Herkunft: Asien
Verbreitung: Europa, Amerika, Afrika, Asien
Farbe (Blüte): weiß, rosa, lila, rot, blau
Duft: kaum vorhanden
Bedeutung als Geschenk: „Bist du frei?“, „Ich erfülle dir jeden Wunsch“

MYTHOLOGISCHES, GESCHICHTLICHES UND KURIOSES

Der deutsche sowie der wissenschaftliche Name gehen auf den lateinischen Begriff „astrum“ (oder griech. „aster“) zurück, der Stern bedeutet und sich auf die strahlenförmige Anordnung der Blütenblätter bezieht.

Bereits vor rund 2000 Jahren wurde die Blume in China kultiviert, sie verbreitete sich dann in ganz Asien und gelangte Anfang des 18. Jahrhunderts nach Europa, wo sie schon bald zur Verschönerung von kaiserlichen Gärten und öffentlichen Parkanlagen gezüchtet wurde.

Die Germanen glaubten einst, dass der Rauch beim Verbrennen welker Astern böse Geister und giftige Schlangen verjage.

Einer Sage nach entstanden die Pflanzen aus Sternenstaub, der von den Göttern auf der Erde verteilt wurde: Aus ihm wuchsen Astern empor, die mit ihren sternähnlichen Blütenköpfen an ihre himmlische Herkunft erinnern sollen.

Im Volksglauben symbolisieren Astern den Nachthimmel und das Universum, dem man seine Anliegen und Hoffnungen anvertraut. Somit steht diese Blume für die Erfüllung von Wünschen, die man niemandem verraten sollte, damit der Zauber wirken kann.

Astern bringt man auch mit einer späten Liebe in Verbindung. Sie gehören außerdem traditionell zum Blumenschmuck bei einer Porzellanhochzeit (nach 20 Jahren Ehe).

VERWENDUNG

Eine mögliche Heilkraft der Aster ist in Europa noch nicht bekannt und wird wissenschaftlich weiterhin untersucht. In Afrika werden einige Arten zur Behandlung von Husten, Lungenerkrankungen, Verdauungsstörungen und Malaria verwendet.

In Europa dient die Blume nahezu ausschließlich als Zierpflanze im Garten, wo sie mit ihrer Farbenpracht das Grau des Herbstes vertreibt. Die weiße Aster ist auch eine beliebte Grabblume.

Auch kulinarisch lässt sich die Pflanze verwerten – ihre bunten Blüten veredeln optisch Salate und Suppen.

Beim Räuchern getrockneter Astern sollen Energien freigesetzt werden, die schlechte Schwingungen vertreiben.

CHARAKTER

Die menschliche Aster gilt als sehr motiviert und durchsetzungsstark, darüber hinaus werden ihr Eigenschaften wie Reaktionsschnelligkeit, Flexibilität im Denken und Handeln sowie ein hohes Maß an Zuverlässigkeit zugeschrieben. Sie hat einen vor Witz sprühenden, manchmal auch recht schrägen Humor und ist in manchen Situationen wenig subtil.

Trotz charmanter Verpackung ihrer – meist extrem treffsicheren – Äußerungen kann diese Blume sehr „ungenießbar“ und sogar verletzend sein. Sie findet sich gut in fremden Umgebungen zurecht, ist in der Lage, sich rasch zu organisieren und mit anderen Leuten, die allerdings bevorzugt ihrem Niveau entsprechen sollen, zu koordinieren.

Die Blume beherrscht es außerdem meisterhaft, Konflikte zu lösen und eine diplomatische Lösung zu finden, sie geht dabei klug und systematisch vor. Die Aster beeindruckt ihre Umwelt außerdem mit ihrer stark ausgeprägten Fähigkeit, globale Ideen zu beleuchten und kosmopolitisch zu agieren.

Was ihren Beruf betrifft, überzeugt vor allem die weibliche Aster mit wissbegierigem Pioniergeist sowie intuitivem Kunstverstand. Mit ihrer dynamisch-charmanten Art ist sie in der Lage, jeden Kunden oder Investor um den Finger zu wickeln. Sie zeichnet sich durch ein ausgezeichnetes Managementtalent und die Fähigkeit aus, Maßnahmen systematisch zu einem großen Ganzen zu verbinden.

Da es sich bei der Aster um einen offenen und geselligen Menschen handelt, fällt es ihr nicht schwer, einen Partner zu finden. Vor allem die liebende männliche Pflanze überrascht umworbene Personen mit romantischem Abenteurergeist. In einer Beziehung ist sie erfinderisch und fürsorglich, hat allerdings Probleme mit der Treue.

BERÜHMTE ASTERN

Woody Allen – US-amerikanischer Schauspieler, Drehbuchautor und Regisseur
Ludwig van Beethoven – deutscher Komponist und Pianist
Humphrey Bogart – US-amerikanischer Schauspieler
Maria Callas – griechische Opernsängerin
Marlene Dietrich – US-amerikanische Schauspielerin
Walt Disney – US-amerikanischer Trickfilmzeichner und Filmproduzent
Elisabeth („Sisi") – österreichische Kaiserin
Johannes Heesters – niederländischer Sänger und Schauspieler
Franz Klammer – österreichischer Skirennfahrer
Giacomo Puccini – italienischer Komponist

WINTER-JASMIN

6. 12.–21. 12.

Symbol für Schönheit, Ordnung,
Stärke, Erfüllung

ALLGEMEINES

Pflanzenfamilie: Ölbaumgewächse
Wissenschaftlicher Name: Jasminum nudiflorum
Regionale Namen: Nacktes Sternchen, Gelber Jasmin, Winterginster
Herkunft: Asien, Atlantikküste der USA
Verbreitung: Mitteleuropa, Asien, Mexiko, Guatemala, Ost-USA
Farbe (Blüte): meist gelb
Duft: kaum vorhanden
Bedeutung als Geschenk: „Du bist bezaubernd", „In dir sehe ich ein Sinnbild der Liebe"

MYTHOLOGISCHES, GESCHICHTLICHES UND KURIOSES

Übersetzt bedeutet der wissenschaftliche Name „nacktblumige Blume": Jasminum von persisch „Yasaman" (= die Blume), lateinisch „nudiflorum" (= nacktblumig). Der Zusatz „Winter" ergibt sich aus der Tatsache, dass diese Pflanze von Dezember bis März/April blüht.

Der Winter-Jasmin kam Mitte des 19. Jahrhunderts nach Europa und rief dort aufgrund seiner außergewöhnlichen Blütezeit Erstaunen bei den heimischen Gärtnern hervor. Rasch wurde er in herrschaftliche Anlagen gepflanzt, damit sich die hohe Aristokratie auch in der kalten Jahreszeit an bunten Blüten erfreuen konnte, danach gelangte der Winter-Jasmin nach und nach auch in Privatgärten.

An der Atlantikküste der USA nutzte die indigene Bevölkerung den Winter-Jasmin für den Fischfang, da er Wirkstoffe enthält, die in hoher Dosierung Lähmungen verursachen.

Von Katholiken wird ein Zweig vom Strauch des Winter-Jasmins gerne als Barbarazweig verwendet, im Gedenken an die heilige Barbara, einer Märtyrerin aus dem 3. Jahrhundert. Der Legende nach hatte ihr Vater Barbara zunächst in einen Turm gesperrt und später hingerichtet, weil sie sich Gott und dem christlichen Glauben zuwandte, anstatt einen ihrer Verehrer zu erhören. Auf ihrem Weg in die Gefangenschaft verfing sich ein Pflanzenzweig in dem Kleid der jungen Frau, den sie mit Wasser aus ihrem Trinkbecher zum Blühen gebracht. Daraus hat sich der Brauch des Barbarazweigs entwickelt.

VERWENDUNG

In der Volksmedizin wird der Winter-Jasmin, in geringer Konzentration und homöopathischen Mengen, zur Heilung von Grippe, Asthma, Bluthochdruck, Migräne, Schwindel, Bluthochdruck, Konzentrationsstörungen und Schlaflosigkeit eingesetzt.

In seiner Heimat und später in Europa wurde die Pflanze vorwiegend wegen ihrer im Winter erscheinenden Blüten kultiviert. In der kalten Jahreszeit in die Vase gestellt, blühen die Knospen innerhalb kurzer Zeit auf und verbreiten bei tristem Wetter mit ihrer strahlend gelben Farbe gute Laune.

Beim Räuchern sollen die Zweige des Winter-Jasmins böse Geister vertreiben, Stärke vermitteln und Zuversicht schenken.

CHARAKTER

Eine im Zeichen des Winter-Jasmins geborene Person ist emotional wankelmütig und häufig unruhig, deshalb reist sie auch sehr gerne und hat kein Problem mit – aus privaten Gründen nötigen oder jobbedingten – Ortswechseln. Zu ihrer Rastlosigkeit gesellen sich ein wissbegieriger, offener Geist und ein kontaktfreudiges, freundliches Wesen. Auch der Körper dieser Blume läuft die meiste Zeit über auf Hochtouren.

Der Winter-Jasmin ist stets bereit, andere Wege zu gehen, sich neue Ziele zu stecken und es mit Herausforderungen aufzunehmen. Manchmal gerät er dabei ins Straucheln und muss nach geistigen Höhenflügen auf den Boden der Tatsachen zurückgeholt werden. Die männliche Pflanze neigt auch dazu, sich sportlich zu verausgaben. Weitere Eigenschaften des Winter-Jasmins sind Freundlichkeit, Großzügigkeit und Gutmütigkeit, dazu kommen ungezügeltes Temperament und Streitlust sowie eine Neigung zu Rücksichtslosigkeit und sogar Despotismus.

Im Beruf tritt der menschliche Vertreter dieser Blume häufig jovial auf und macht sich seine gute Menschenkenntnis zunutze, um die Karriereleiter emporzuklettern. Er ist allerdings auch fleißig, kooperativ und einsatzbereit, zudem fair und kollegial, wenn er sich jemandem verpflichtet fühlt.

In einer Beziehung ist der Winter-Jasmin einfühlsam, aufrichtig und wahrhaftig, allerdings nur, wenn er wirklich tief empfindet – ansonsten macht er sich einen Spaß aus der Liebe, ohne Rücksicht auf die Gefühle anderer. Die weibliche Blume tendiert dazu, viel auszuprobieren, bevor sie sich endgültig bindet.

BERÜHMTE WINTER-JASMINE

Charles Bronson – US-amerikanischer Schauspieler
Jane Fonda – US-amerikanische Schauspielerin
Friedensreich Hundertwasser – österreichischer Maler und Architekt
Hermann Maier – österreichischer Skirennläufer
Johann Nestroy – österreichischer Dramatiker und Schauspieler
Nostradamus (Nostredame, Michel de) – französischer Apotheker und Seher
Brad Pitt – US-amerikanischer Schauspieler
Til Schweiger – deutscher Schauspieler und Filmemacher
Frank Sinatra – US-amerikanischer Sänger, Entertainer und Schauspieler
Steven Spielberg – US-amerikanischer Filmregisseur

PFLANZENHARMONIE – WER MIT WEM?

Pflanze	Freundes- und Partnerpflanzen
Christrose	Schneeglöckchen, Krokus, Narzisse, Flieder, Veilchen, Löwenzahn, Mohnblume, Vergissmeinnicht, Klee, Kamille, Hibiskus, Dahlie, Eisenhut, Chrysantheme, Aster, Winter-Jasmin
Schneeglöckchen	Primel, Krokus, Narzisse, Gänseblümchen, Flieder, Vergissmeinnicht, Sonnenblume, Rose, Kamille, Hibiskus, Dahlie, Chrysantheme, Aster, Winter-Jasmin, Christrose
Primel	Krokus, Narzisse, Gänseblümchen, Flieder, Holunder, Mohnblume, Lavendel, Vergissmeinnicht, Sonnenblume, Rose, Kamille, Eisenhut, Chrysantheme, Aster, Winter-Jasmin, Schneeglöckchen
Krokus	Narzisse, Gänseblümchen, Flieder, Löwenzahn, Holunder, Lavendel, Vergissmeinnicht, Klee, Chrysantheme, Aster, Winter-Jasmin, Christrose, Schneeglöckchen, Primel
Narzisse	Gänseblümchen, Flieder, Löwenzahn, Mohnblume, Lavendel, Vergissmeinnicht, Klee, Sonnenblume, Hibiskus, Eisenhut, Chrysantheme, Aster, Winter-Jasmin, Christrose, Schneeglöckchen, Primel
Gänseblümchen	Flieder, Veilchen, Löwenzahn, Holunder, Vergissmeinnicht, Klee, Sonnenblume, Kamille, Dahlie, Winter-Jasmin, Schneeglöckchen, Primel, Krokus, Narzisse

Pflanze	Freundes- und Partnerpflanzen
Flieder	Veilchen, Holunder, Mohnblume, Lavendel, Vergissmeinnicht, Klee, Sonnenblume, Rose, Chrysantheme, Christrose, Schneeglöckchen, Primel, Krokus, Gänseblümchen
Veilchen	Löwenzahn, Holunder, Mohnblume, Lavendel, Klee, Sonnenblume, Rose, Kamille, Chrysantheme, Aster, Christrose, Gänseblümchen, Flieder
Löwenzahn	Holunder, Mohnblume, Vergissmeinnicht, Klee, Hibiskus, Dahlie, Eisenhut, Aster, Winter-Jasmin, Christrose, Krokus, Narzisse, Gänseblümchen, Veilchen
Holunder	Mohnblume, Lavendel, Vergissmeinnicht, Klee, Sonnenblume, Kamille, Hibiskus, Eisenhut, Chrysantheme, Primel, Krokus, Gänseblümchen, Flieder, Veilchen, Löwenzahn
Mohnblume	Lavendel, Vergissmeinnicht, Sonnenblume, Kamille, Hibiskus, Dahlie, Eisenhut, Chrysantheme, Aster, Winter-Jasmin, Christrose, Primel, Narzisse, Flieder, Veilchen, Löwenzahn, Holunder
Lavendel	Vergissmeinnicht, Sonnenblume, Rose, Kamille, Hibiskus, Dahlie, Eisenhut, Chrysantheme, Primel, Krokus, Narzisse, Flieder, Veilchen, Holunder, Mohnblume
Vergissmeinnicht	Sonnenblume, Christrose, Schneeglöckchen, Primel, Krokus, Narzisse, Gänseblümchen, Flieder, Löwenzahn, Holunder, Mohnblume, Lavendel

Pflanze	Freundes- und Partnerpflanzen
Klee	Sonnenblume, Hibiskus, Dahlie, Eisenhut, Chrysantheme, Christrose, Krokus, Narzisse, Gänseblümchen, Flieder, Veilchen, Löwenzahn, Lavendel
Sonnenblume	Rose, Kamille, Hibiskus, Dahlie, Eisenhut, Aster, Schneeglöckchen, Primel, Narzisse, Gänseblümchen, Flieder, Veilchen, Holunder, Mohnblume, Lavendel, Vergissmeinnicht, Klee
Rose	Kamille, Hibiskus, Chrysantheme, Aster, Winter-Jasmin, Schneeglöckchen, Primel, Flieder, Veilchen, Lavendel, Vergissmeinnicht, Sonnenblume
Kamille	Hibiskus, Dahlie, Eisenhut, Chrysantheme, Aster, Winter-Jasmin, Christrose, Schneeglöckchen, Primel, Gänseblümchen, Veilchen, Holunder, Mohnblume, Lavendel, Sonnenblume, Rose,
Hibiskus	Dahlie, Chrysantheme, Winter-Jasmin, Christrose, Schneeglöckchen, Narzisse, Veilchen, Löwenzahn, Holunder, Mohnblume, Lavendel, Klee, Sonnenblume, Rose, Kamille
Dahlie	Eisenhut, Winter-Jasmin, Christrose, Schneeglöckchen, Gänseblümchen, Löwenzahn, Mohnblume, Lavendel, Klee, Sonnenblume, Kamille, Hibiskus
Eisenhut	Chrysantheme, Aster, Winter-Jasmin, Christrose, Primel, Narzisse, Löwenzahn, Holunder, Mohnblume, Lavendel, Klee, Sonnenblume, Rose, Kamille, Dahlie

Pflanze	Freundes- und Partnerpflanzen
Chrysantheme	Aster, Christrose, Schneeglöckchen, Primel, Krokus, Narzisse, Flieder, Veilchen, Holunder, Mohnblume, Lavendel, Klee, Rose, Kamille, Hibiskus, Eisenhut
Aster	Winter-Jasmin, Christrose, Schneeglöckchen, Primel, Krokus, Narzisse, Veilchen, Löwenzahn, Mohnblume, Sonnenblume, Rose, Kamille, Eisenhut, Chrysantheme
Winter-Jasmin	Christrose, Schneeglöckchen, Primel, Krokus, Narzisse, Gänseblümchen, Löwenzahn, Mohnblume, Rose, Kamille, Hibiskus, Dahlie, Eisenhut, Aster

PFLANZEN IM TRAUM

Die Menschen träumen am häufigsten von anderen Lebewesen, als bildhafte Codes, die es zu entschlüsseln gilt. An erster Stelle stehen dabei die Personen, mit denen man sich tagsüber tatsächlich umgibt oder gedanklich beschäftigt. Danach folgen Tiere mit starkem Symbolcharakter – ein schier unerschöpflicher Quell von Informationen direkt aus den Tiefen der Seele.

Aber auch Pflanzen spielen in der Deutung von Träumen eine wichtige Rolle, da sie in einer Sprache mit uns sprechen, die wir nicht bewusst mit unseren Sinnen wahrnehmen, sehr wohl aber verstehen und über diese Botschaften im Traum nachdenken. Das bedeutet auch, dass wir in diesem Zusammenhang versteckt mit unseren menschlichen Freundes- und Partnerpflanzen kommunizieren, die auf feinstofflicher Ebene mit uns Kontakt aufnehmen.

Die Deutung eines Traumes, in dem Pflanzen vorkommen, ist besonders aufschlussreich, verknüpft man sie mit ihren im Traum auftretenden Farben und der Art ihrer Erscheinung.

Christrose

Wer von Christrosen träumt, wünscht sich, dass seine Liebe Bestand hat oder ahnt, dass in der Beziehung etwas nicht stimmt.

Nachricht der Freundes- und Partnerpflanzen: Komm zu mir, sobald du frei bist.

Schneeglöckchen

Der Träumende sollte sich einer ihm nahenstehenden Person

anvertrauen, er wird Trost bekommen und danach stark genug sein, seine Probleme zu lösen.

Nachricht der Freundes- und Partnerpflanzen: Ich bin für dich da, wenn du mich brauchst.

Primel

Es steht der Beginn einer neuen Freundschaft bevor, die das Leben sehr bereichern wird, oder ein Wiedersehen mit einer alten Liebe.

Nachricht der Freundes- und Partnerpflanzen: Warum meldest du dich nicht?

Krokus

Es könnte ein materieller Gewinn ins Haus stehen. Zugleich ist dieser Traum eine Warnung vor Menschen, die einem die Energie rauben.

Nachricht der Freundes- und Partnerpflanzen: Du solltest dich aus deiner Beziehung befreien.

Narzisse

Ein Traum von Narzissen weist auf einen Kinderwunsch hin, aber auch auf die Bereitschaft, für die Erfüllung seiner Wünsche zu kämpfen.

Nachricht der Freundes- und Partnerpflanzen: Ich stehe dir bei, wenn du mich lässt.

Gänseblümchen

Diese Blume steht für eine Botschaft aus der Kindheit. Kann man sie – in Kombination mit den anderen Trauminhalten – „lesen", wird man etwas Wichtiges erfahren.

Nachricht der Freundes- und Partnerpflanzen: Erinnere dich an mich und unsere gemeinsame Zeit.

Flieder

Wer vom Flieder träumt, sehnt sich nach Liebe und Zärtlichkeit in einer neuen Beziehung oder mehr Harmonie und Treue in der bestehenden Partnerschaft.

Nachricht der Freundes- und Partnerpflanzen: Kämpfe für deine Bedürfnisse.

Veilchen

Das Veilchen weist den Träumer darauf hin, dass er auf sein Gefühl hören sollte. Die Blume mahnt außerdem zur Verschwiegenheit.

Nachricht der Freundes- und Partnerpflanzen: Wir haben ein Geheimnis – hüte es.

Löwenzahn

Ein Traum vom Löwenzahn verspricht gutes Gelingen für zukünftige Vorhaben, ermuntert außerdem dazu, Dinge auch einmal anders als gewohnt anzugehen.

Nachricht der Freundes- und Partnerpflanzen: Du wirst es noch weit bringen.

Holunder

Der Holunder steht für heilsame Vorgänge in Geist und Körper, für den Wunsch nach Schutz und für die Notwendigkeit der Konzentration auf sich selbst.

Nachricht der Freundes- und Partnerpflanzen: Ich kann dich beschützen und für dich sorgen.

Mohnblume

Träumt man von der Mohnblume, will man etwas vergessen oder es steht eine Trennung bevor.

Nachricht der Freundes- und Partnerpflanzen: Ich warte auf dich, egal, wie lange es dauert.

Lavendel

Die Zeit ist günstig für das Erringen von Erfolgen. Aber auch: Achte darauf, wem du traust, der erste Eindruck kann trügen.

Nachricht der Freundes- und Partnerpflanzen: Du kannst mir vertrauen.

Vergissmeinnicht

Das Vergissmeinnicht erinnert den Träumenden an Abschiede

und an die Sehnsucht nach alten Freunden – es erinnert daran, Kontakt aufzunehmen.

Nachricht der Freundes- und Partnerpflanzen: Wir haben uns schon lange nicht mehr gesehen.

Klee

Jemand, der in Geldnot ist, wird Kontakt aufnehmen, unter Umständen sogar eine alte Liebe.

Nachricht der Freundes- und Partnerpflanzen: Ich brauche deine Hilfe.

Sonnenblume

Irgendeine Art von Prüfung wird positiv ausgehen. Darüber hinaus drückt der Traum von dieser Blume auch Stolz aus – auf sich oder andere.

Nachricht der Freundes- und Partnerpflanzen: Ich möchte deinen Erfolg mit dir teilen.

Rose

Liebe und vielleicht eine Hochzeit kündigen sich an. Möglich wäre auch das Betrauern des Verlusts von Jugend und Schönheit.

Nachricht der Freundes- und Partnerpflanzen: Ich möchte mich an dich binden.

Kamille

Wer von Kamille träumt, wird bald genesen, denn auch die schlimmsten Wunden, psychische oder physische, werden nun zu heilen beginnen.

Nachricht der Freundes- und Partnerpflanzen: Du bist bereit für eine neue Liebe.

Hibiskus

Der Hibiskus zeigt an, dass man Erholung benötigt oder bei einer neu angefangenen Sache Durchhaltevermögen beweisen soll.

Nachricht der Freundes- und Partnerpflanzen: Bitte glaub an uns.

Dahlie

Der Traum von einer Dahlie bedeutet, dass sich finanzielle Belange in Kürze bessern, möglicherweise mithilfe eines Freundes.

Nachricht der Freundes- und Partnerpflanzen: Ich habe ein wachsames Auge auf dich.

Eisenhut

Es steht eine Art Befreiungsschlag bevor, der den inneren Frieden wiederherstellen wird. Keine Angst vor der eigenen Courage!

Nachricht der Freundes- und Partnerpflanzen: Trau dir mehr zu.

Chrysantheme

Die Chrysantheme symbolisiert den Wunsch, dass alles so bleibt, wie es ist, und signalisiert zugleich die Angst vor Veränderung.

Nachricht der Freundes- und Partnerpflanzen: Du bist nicht glücklich.

Aster

Womöglich steht ein Fehlschlag bevor, der mit dem Verlust von Würde und Ansehen einhergeht, oder sogar ein Todesfall.

Nachricht der Freundes- und Partnerpflanzen: Nimm dich vor falschen Freunden in Acht.

Winter-Jasmin

Träumt man vom Winter-Jasmin, trifft jemand eine wichtige Entscheidung, die mehr Ordnung ins eigene Leben bringt.

Nachricht der Freundes- und Partnerpflanzen: Ich fühle mich für dich verantwortlich.

Die Farben

Farben sind für die Traumdeutung wichtig und haben sowohl im Alltag als auch in der Psychologie eine große Bedeutung. Der Mensch drückt seine Stimmungen gerne mit Farben aus. Mit Farben, die ihn positiv stimmen, umgibt er sich gerne und streicht etwa die Wände seiner Wohnung damit oder wählt seine Kleidung dementsprechend. Auch in der Gesellschaft bzw.

im kollektiven Bewusstsein sind Farben und deren Bedeutungen tief verankert.

Die Verknüpfung von Farben mit Emotionen und damit verbundenen Stimmungen zeigt sich auch im Traum – ist sie so präsent, dass man sich nach dem Erwachen sofort daran erinnern kann, ist sie von großer Bedeutung. Die Farbe übermittelt eine Botschaft oder soll der Nachricht aus dem Unterbewusstsein den finalen „Anstrich" verleihen.

In einer aussagekräftigen Pflanzen-Traumanalyse betrachtet man daher die Symbole in Kombination – also die Blume mit der Farbe.

Weiß: Schlichtheit, Reinheit, Unschuld, Unreife, Naivität
Gelb: Wandelbarkeit, Unkompliziertheit, Optimismus, Freude
Orange: Vitalität, Zufriedenheit, Idealismus, Mitgefühl, Nervosität
Rosa: Geselligkeit, Offenheit, Gefühlswärme, Aufrichtigkeit
Rot: Liebe, Mut, Aktivität, Leidenschaft, Zorn, Hass, Grausamkeit
Lila: Frohsinn, Ausgeglichenheit, Neutralität, Unentschlossenheit
Violett: Kampfbereitschaft, Wut, Sehnsucht, Ängstlichkeit
Blau: Kreativität, Fleiß, Distanziertheit, Verlustangst, Passivität, Trauer

Die Art des Vorkommens

Schließlich ist bei einem blumigen Traum auch die Art des Vorkommens der betreffenden Pflanze wichtig, um ihn richtig deuten zu können. Jedoch sollte man auch bei dieser Analyse bedenken, dass die Botschaft einen selbst, aber auch die Freundes- oder Partnerpflanzen betreffen kann.

Generell gilt: Hängende Köpfe und verwelkende Blüten wandeln jede positive Bedeutung ins Gegenteil.

.) als Kranz: schlechtes Gewissen, Schuldgefühl, Feindschaft

.) als Strauß: erfüllendes Liebeserlebnis.

.) im Garten: Freude über ein geregeltes Beziehungs- bzw. Familienleben

.) in der Vase: Angst vor Verlust

.) verschiedene Blumen zusammen: Wunsch nach mehr Farbe im Leben

.) im Gesteck: Sehnsucht nach Ordnung und geregelten Abläufen

.) wildwachsende Blumen: Bewunderung für natürliche Schönheit

.) Blumen mit Knospen: Auftauchen einer neuen Idee oder Beziehung

.) Pflanzen ausreißen: Angst vor Versagen oder Verlust des Glücks durch eigene Schuld

.) Blumen pflücken: Glück, Erfolg oder sexuelle Wünsche

.) Pflanzen gießen oder düngen: Notwendigkeit von Beziehungsarbeit oder Freundschaftspflege

.) Blumen verschenken oder bekommen: Hoffnung auf gute Erledigung einer Sache oder Erinnerung an einen Geburts- oder anderen Ehrentag

.) Pflanze kaufen: Gesundheit und Erfolg in einer Liebesbeziehung.

QUELLEN

Hoffmann, Eva Katharina: Energiepflanzen im Haus, Bassermann Verlag, München, 2009

Engelke, Regina: Astrologiegärten, Verlag Ulmer, Stuttgart, 2005

http://www.aetherische-oele.net/aetherische-oele/

https://www.apotheker.or.at

https://baumwoodch.federargumenteuropa.eu/flieder.html

http://crocoll.net/Dahlien/kultur/verwendung.php5

https://engel-undtarotwelt.blogspot.co.at/2012/06/die-symbolik-von-blumen-und-engeln.html

http://www.faz.net/aktuell/wissen/alles-im-gruenen-bereich/geschichte-der-dahlie-und-ihrer-zuechtung-als-gartenblume-15097815.html

http://www.fischer-oberschwaben.de/Wildpflanzen-Heilkraut/622a.html

https://www.fragrantica.de/Duftnoten/Chrysantheme-211.html

http://www.gabryon.de

http://gartenbuch.shoutwiki.com/wiki/Eisenhut

http://gartenbuch.shoutwiki.com/wiki/Trivialnamen

https://geboren.am/kalender

http://www.jahreskreis.at/Raeuchern.html

http://www.joakirsoft.de/index.php?s=blumen

https://www.kraeuterundgeist.at/wissenswertes/r%C3%A4u-chern/

http://magazin.gartenzeitung.com/Rosenwissen-kompakt/Herkunft-Bedeutung-Rose.html

http://www.mittelbayerische.de/panorama/nrsieben-nachrichten/mythos-der-goldenen-blume-23471-art950494.html

http://www.oeav-obergailtal.at/index.php?option=com_content&view=article&id=140:fruehlingskrokus&catid=51:pflanzenportraets&Itemid=127

http://sprache-der-blumen.de/

http://www.stil.de/knigge-thema-der-woche/details/artikel/blumen-knigge-so-finden-sie-zu-jedem-anlass-den-passenden-strauss.html

http://www.traumdeuter.ch

http://www.viversum.at/online-magazin/welche-sternzeichen-passen-zusammen

https://www.waldfee.net/blumen-bedeutung-aster.html

https://www.wikipedia.at

http://www.wissen.de/lexikonsuche/syn/all

http://www.zagenacker.ch/advent04.html

http://www.zauber-pflanzen.de/hellebo.htm

JULIA GRUBER & ERWIN THOMA
BÄUME
FÜR DIE
SEELE
Welches Holz stärkt mich?
Buch mit
40 großformatigen Karten
ueberreuter